Suppen und Eintöpfe

Kochen – köstlich
wie noch nie

Suppen und Eintöpfe

aus aller Welt: Reiche Bouillons, zarte Cremesuppen, feine Gemüsesuppen und kräftige Eintöpfe

Das große Bildkochbuch

mit den besten Rezept-Ideen von
Cornelia Adam, Elke Alsen, Marey Kurz,
Hannelore Mähl-Strenge, Annedore Meineke,
Brigitta Stuber und Annette Wolter,
herausgegeben von

Annette Wolter

Die Farbbilder gestalteten

**Rolf Feuz
und Karin Messerli**

Das finden Sie in diesem Buch

Die Rezepte nach Hauptzutaten geordnet

Über dieses Buch

Vom Wert der Suppen

Die gute Bouillon

Beliebte Klößchen

Gebundene Suppen

Suppen mit Durchblick

Suppen, die mehr versprechen

Suppen zum Auslöffeln

Eintöpfe der Welt

Geräte für die Suppenküche

Wichtige Grundzutaten

Der Inhalt des Buches von A bis Z

Die Rezepte nach Hauptzutaten geordnet

Fisch und Meeresfrüchte

Fleisch

Geflügel:

Kalbfleisch:

Lammfleisch:

Rindfleisch:

Schinken:

Schweinefleisch:

Gemüse

Avocados:

Blumenkohl:

Bohnen:

Brennesseln:

Broccoli:

Chicorée:

Erbsen:

Fenchel:

Gurken:

Kartoffeln:

Pilze

Getreide

Nudeln

Reis

Käse

Über dieses Buch

Suppen und Eintöpfe! Viele sind schon durch den Titel animiert, andere lassen sich erst durch Kostproben von der wohltuenden Wirkung einer feinen Suppe oder eines deftigen Eintopfs überzeugen. Tatsache bleibt: Kein rundes Menü ohne Suppe, keine gemütlichere Runde als die um einen dampfenden Eintopf!

In diesem liebevoll gestalteten GU Bildkochbuch mit lauter neuen und exklusiv gestalteten Farbbildern sind zeitgemäße und raffinierte Kreationen für die reizvollsten Suppen und Eintöpfe versammelt. Sie finden unter anderem berühmte Suppen wie französische Zwiebelsuppe oder Bouillon Mignon, Spezialitäten aus vielen Ländern der Welt, wozu Crème Bruxelloise oder Minestrone Verdura gehören. Rezepte für echte Bouillons mit feinen und feinsten Einlagen und samtige Gemüsesuppen sowie traumhafte Eintöpfe wie Cassoulet, Griechischen Maronen-Topf oder Hutspot verlocken zum Ausprobieren.

Das durchgehend farbig gestaltete Buch bringt vielseitige Anregungen für all die frischen und hochwertigen Zutaten, die der Markt uns bietet. In den Rezepten dafür werden sie zu hervorragenden Ergebnissen verarbeitet. Jedes Rezept ist in Farbe zu sehen. Schon das Blättern und Auswählen ist ein Genuß. Die unkomplizierten Beschreibungen ermöglichen auch Ungeübten Erfolg von Anfang an. Die Nennung der Vorbereitungs- und der Garzeiten erleichtert die Zeitplanung; die Angaben der Joule/Kalorien, der Nährwerte Eiweiß, Fett und Kohlenhydrate ermöglichen es, ernährungsphysiologisch ausgewogene Mahlzeiten zusammenzustellen. Außerdem signalisieren die rot gedruckten Hinweise, ob ein Gericht schnell zuzubereiten ist, ob es leicht gelingt oder etwas schwieriger ist, ob preiswert oder etwas teurer. Hier können Sie auch sehen, ob das Rezept aus der Vollwertküche stammt, ob es sich um ein berühmtes Rezept handelt oder um eine Spezialität.

Für alle, die gerne Suppen essen und kochen, haben wir Grundsätzliches und weniger Bekanntes zu Beginn des Buches Schritt für Schritt in Bild und Wort erklärt. Der richtige Umgang mit Grundzutaten und wichtigen Würzmitteln für eine gute Bouillon wird hier gezeigt. Sie sehen, wie Bouillon entfettet und geklärt wird, wie man sie als Extrakt einfriert, wie die schnellen Einlagen und die feinen Klößchen entstehen und wie man mit unterschiedlichen Methoden eine Suppe legiert.

Das erste Rezeptkapitel zeigt Ihnen, wie vielseitig Bouillon zubereitet und serviert werden kann. »Suppen mit Durchblick« haben wir diese goldgelben, klaren Bouillons genannt, in der feine Klößchen, Croûtons, Eierstich, Juliennes und andere Einlagen besonders reizvoll zur Geltung kommen.
»Suppen, die mehr versprechen« heißt es im folgenden Kapitel, da hier all jene Suppen versammelt sind, mit denen eine Mahlzeit begonnen wird, die den Appetit anregen und auf weitere Genüsse neugierig machen. Ob Austerncremesuppe, Forellencremesuppe, Kressesuppe mit Lachs, Paprika- oder Pilzcremesuppe, Königin- oder Kremser Weißweinsuppe: sie signalisieren Hirn, Herz und Magen, daß hier noch Vielversprechendes zu erwarten ist.
»Die Suppen zum Auslöffeln« dagegen sind bereits komplette, sättigende Gerichte, die höchstens noch durch einen frischen Salat zuvor oder durch ein leichtes Joghurt-, Quark- oder Obstdessert im nachhinein ergänzt werden sollten. Neugierig machen eigenwillige Zusammenstellungen wie Bananen-Hühner-Suppe, Bohnensuppe mit Quarkklößchen oder Zucchinisuppe mit Salamiklößchen, die Sie unbedingt probieren sollten.

Zuletzt gibt es die »Eintöpfe aus aller Welt«. Hier geben sich Berühmtheiten und Spezialitäten ein Stelldichein – von Irish Stew über Griechischer Lammpilaf bis Kascha mit Schtschi, von Baeckeoffe, Bostoner Bohnentopf, Cassoulet, Hutspot und Bigos bis zu Potée bourguignonne.

Die farbig bebilderte Warenkunde stellt praktische Geräte für die Suppenküche vor, nämlich gute Töpfe, Deckelpfannen, Passier- und Rührgeräte, Siebe, Messer, Mörser, Pressen und Reiben. Danach geht es um wichtige Grundzutaten, wie das Fleisch zum Kochen und Schmoren, um aromatische Würzmittel, Kräuter und auch um Getreide und Hülsenfrüchte. Letztere sind aus guten Suppen und vor allem Eintöpfen nicht wegzudenken.
Beim Suchen und Finden helfen sowohl das umfangreiche Rezept- und Sachregister als auch die Doppelseite 6 und 7, auf denen Suppen und Eintöpfe nach ihren Hauptzutaten aufgeführt sind. Hier können Sie nach einer bestimmten Suppe suchen oder sich Anregungen holen, um die eingekauften Produkte vom Wochenmarkt zu Suppen und Eintöpfen zu verarbeiten, die jeder gerne ißt.

Und denken Sie daran: ob Suppe oder Eintopf: nirgends können Sie eigene geschmackliche Vorstellungen so leicht mit den Angaben eines Rezeptes verbinden. Tauschen Sie aus, was Sie nicht so gerne mögen, nehmen Sie Gewürze, die Sie bevorzugen. Wichtig ist nur: Die Mengenverhältnisse müssen stimmen, die Garzeiten müssen angepaßt werden. Doch erproben Sie die Rezepte zunächst einmal, wie sie im Buche stehen. Wir sind davon überzeugt, daß bald eine ganze Menge davon Ihre Lieblingsrezepte werden.

Guten Appetit wünschen Ihnen

Ihre
Annette Wolter
und
alle Mitarbeiter

Wenn nicht anders angegeben, sind alle Rezepte für 4 Personen berechnet.
Übrigens, die Abkürzungen kJ und kcal in den Rezepten bedeuten Kilojoules und Kilokalorien.

Vom Wert der Suppen

Der Wert einer Suppe oder eines Eintopfes hängt weitgehend vom Wert aller Zutaten ab. Qualität und Frische aller Ingredenzien bestimmen nicht nur den Geschmack, sondern auch den physiologischen Nährwert. Alle Aromen verbinden sich in Suppen und Eintöpfen zu einem intensiven Geschmack, weshalb sich übermäßige Salzzugaben erübrigen.

Suppe oder Eintopf?
Die Franzosen sagen, wenn der Löffel in der Suppe »stehen« bleibt, handelt es sich einwandfrei um einen Eintopf. Wir geben dieser Definition recht, auch wenn wir uns nicht sklavisch darin hielten, denn bei zu viel Flüssigkeitsentzug verliert ein Eintopf leicht seine sympathische Konsistenz. Die meisten Eintöpfe in diesem Buch werden deshalb am besten in Suppentellern serviert.

Wieviel Suppe braucht der Mensch?
Für eine leichte Vorsuppe rechnet man im allgemeinen pro Person ⅛ l, wenn sie schon etwas sättigen soll, ¼ l, und als Eintopf darf man je nach Inhaltsreichtum auch etwas mehr servieren.

Grundelement: Wasser
Hauptsächlich unterscheidet man zwischen klaren und gebundenen Suppen. Ausgangsprodukt für beide ist Wasser. Alles, was in Wasser gekocht wird, gibt Geschmackstoffe und andere Substanzen an das Wasser ab und macht es dadurch zur Brühe. Allerdings ist Brühe ein Wort, das in der deutschen Sprache auch oft sehr abwertend gebraucht wird, weshalb wir uns durchweg des französischen Wortes Bouillon bedienen. Bouillon stammt vom französischen Wort *bouillir* ab, was kochen heißt. Eine Ausnahme finden Sie in diesem Buch, wenn es um vorgefertigte Gemüsebouillon geht. Sie wird im Handel nämlich als gekörnte Gemüsebrühe angeboten. Wenn sie gemeint ist, wird diese Bezeichnung in den Rezepten auch gebraucht.

Die gute Bouillon
Eine Bouillon kann aus Knochen, Fleisch, Geflügel, Fisch oder Fischabschnitten, Wild, Schalen von Krustentieren oder aus Gemüse gekocht werden. Sie finden auf den Seiten 132/133 in der entsprechenden Warenkunde die Fleischteile aufgeführt, die sich besonders gut zum Kochen einer Bouillon eignen. Neben der Bouillon spricht man aber auch von der Kraftbrühe oder der Consommé. Sie ist eine besonders kräftige, entfettete Bouillon aus gehacktem Rindfleisch im Verhältnis 1 : 5; das heißt, auf einen Teil Fleisch kommen fünf Teile Wasser. Bei der doppelten Kraftbrühe oder der Consommé double kommen auf zwei Teile gehacktes Rindfleisch fünf Teile Wasser. Sie kann auch aus Kalbfleisch, Geflügel, Wild oder Fisch nach dem selben Prinzip hergestellt werden.

Gebundene Suppen
Sie bestehen ebenfalls aus Bouillon, enthalten aber zusätzlich reichlich Gemüse, Fleisch, Geflügel, Fisch oder Meeresfrüchte oder eine Mischung aus vielerlei Zutaten. Als Bindemittel eignen sich püriertes Gemüse, Kartoffeln, Hülsenfrüchte, Reis oder andere Getreideprodukte. Alle Getreideprodukte sind ernährungsphysiologisch besonders wertvoll, wenn sie möglichst frisch aus dem vollen Korn gewonnen werden.

Gemüse
Man sollte nur frische Ware wählen, die möglichst aus nahegelegenem Freilandanbau stammt. Viele Gemüsearten werden ungeschält verarbeitet, weil gerade dicht unter der Schale die meisten Wertstoffe angesammelt sind. Selbstverständlich wird das Gemüse vor dem Putzen und Zerkleinern gründlich warm gewaschen, denn warmes Wasser entfernt mehr Schadstoffe als kaltes. Und nach dem Waschen sollte das Gemüse noch gründlich mit einem Tuch abgerieben werden, da das Reiben weitere festsitzende Partikelchen beseitigt. Wie wichtig das Waschen von Gemüse auch dann ist, wenn man es anschließend schält, wird klar, wenn man bedenkt, daß das Schälmesser beständig an der Schale haftende Schmutzteilchen auf das Fruchtfleisch überträgt. Wird Gemüse in erster Linie als Geschmacksträger in einer Suppe mit langer Garzeit gekocht, so braucht es nicht unbedingt bis zuletzt einer ihrer Bestandteile zu bleiben. Hier kommt es mehr darauf an, daß jeglicher Gemüsesaft in die Suppe gelangt, ehe es weggeworfen wird. Man gibt das ausgekochte Gemüse in ein Sieb – am besten in ein Spitzsieb – und drückt den Saft gründlich mit einem Löffelrücken in die Suppe. Besonderen Wert erhalten Suppen mit Gemüseanteil, wenn etwa ein Drittel des Gemüses erst kurz vor dem Servieren roh geraspelt untergemischt wird.

Kräuter
Frische Kräuter sollten wie Gemüse stets lauwarm abgebraust und anschließend in einem Tuch trockengeschleudert werden. Dicke Stengel abschneiden oder die Blättchen von den Stielen zupfen, erst kurz vor Gebrauch hacken und auch dann noch zugedeckt aufbewahren. Sollen Kräuter aus geschmacklichen Gründen in der Suppe mitgekocht werden, so bindet man sie am besten mit Küchengarn zu einem Bündel und hängt dieses am Topfgriff befestigt in die Suppe. So läßt sich das Bündel später leicht entfernen. Dann aber die Suppe oder den Eintopf zuletzt noch mit frischen Kräutern anreichern.

Anrichten und Servieren
Die meisten Suppen und Eintöpfe sollten heiß zu Tisch kommen, weil dann ihr Duft stark animiert und ihr Geschmack am intensivsten zur Geltung kommt. Entweder richtet man die Suppe oder den Eintopf in einer gut vorgewärmten Terrine an und schöpft sie bei Tisch in ebenfalls gewärmte Teller oder Suppentassen oder Sie geben die Suppe gleich am Herd in die vorgewärmten Teller und Suppentassen. Suppentassen werden bevorzugt, wenn es sich um leichte Vorsuppen handelt oder um kleinere Portionen, die in der Suppentasse länger heiß bleiben als im Suppenteller.

Die gute Bouillon

Die Grundzutaten

Das Wort Bouillon kommt vom französischen *bouillir,* was kochen heißt. Man kocht Fisch, Fleisch, Geflügel, Gemüse oder nur Knochen in reichlich Wasser. Dadurch wird dieses mit Aromen und anderen Inhaltsstoffen angereichert und somit zur Bouillon (Brühe). Das bedeutet, das Kochgut gibt seine besten Inhaltsstoffe an die Bouillon ab. Am intensivsten geschieht das, wenn es in kaltem Wasser aufgesetzt und lange gekocht wird. Je wertvoller und reichlicher die gekochten Substanzen, um so kräftiger die Bouillon.

Suppenknochen vor dem Verwenden waschen, 3 Minuten sprudelnd kochen lassen und in ein Sieb schütten. Den Topf auswaschen, damit keine Trübstoffe und Knochensplitter zurückbleiben.

Die Würzzutaten

Suppengrün, Zwiebel, Gewürzkörner, Lorbeerblatt und Salz sind sozusagen der »Standard« an Würzzutaten für Bouillon. Statt des Suppengrüns kann man für Bouillon von besonders dezentem Geschmack auch ein Bouquet garni, das klassische Kräutersträußchen, verwenden oder ergänzend mitkochen. Das bereits gebündelt angebotene Suppengrün kann durch Gemüse eigener Wahl und besserer Qualität selbst zusammengestellt werden.

Suppengrün besteht aus je einem Stück Knollensellerie und Lauch, einer Petersilienwurzel und einer Möhre. Vor dem Verwenden putzen, waschen und zerkleinern. Für das **Bouquet garni** werden ein Lorbeerblatt, einige Petersilienstengel und etwas Thymian zusammengebunden und aufgehängt mitgekocht.

Bouillon fertigstellen

Die Bouillon muß vor dem Weiterverwenden oder Servieren von den mitgekochten Substanzen durch Seihen getrennt werden. Nach den Erkenntnissen der Ernährungswissenschaft soll sie zudem entfettet werden. Ist sie trüb, sollte man sie klären, um ein appetitliches Aussehen zu gewährleisten. Will man die Bouillon mit Teigwaren, Reis oder Klößchen anreichern, gart man diese Einlagen separat in Salzwasser, denn sie könnten die Bouillon während des Garens erneut trüben.

Die gare Bouillon durch ein feines Haarsieb gießen. Für höchste Ansprüche seiht man sie durch ein mit einem gebrühten Mulltuch ausgelegtes Sieb, wodurch sich oft das Klären erübrigt.

Bouillon als Extrakt

Eine kräftige Bouillon zu kochen, erfordert Zeit und einige Zutaten. Alle Suppen und Saucen schmecken am besten mit selbstgekochter Bouillon. Deshalb ist es ratsam, möglichst gleich die doppelte Menge zu kochen und die nicht sofort benötigte Portion im Gefriergerät vorrätig zu halten. Damit das Gerät nicht zu voll wird, friert man Bouillon am besten als Extrakt ein.

Die entfettete, geklärte Bouillon im offenen Topf so lange bei schwacher Hitze kochen lassen, bis sich die Flüssigkeit um etwa ein Drittel reduziert hat.

Das gewaschene Fleisch mit den blanchierten Knochen, den Gewürzen, dem Suppengemüse und dem Salz von reichlich Wasser bedeckt zum Kochen bringen. Sobald das Wasser sprudelnd kocht, die Temperatur um 1 bis 1½ Schaltstufen verringern und alles im offenen Topf kochen lassen.

Den sich bildenden Schaum in den ersten 20 bis 30 Minuten abschöpfen. Wenn sich kein Schaum mehr bildet, den Topf bis auf einen Spaltbreit zudecken und die Bouillon nur noch sacht kochen lassen. Suppengemüse, das als Bestandteil der Suppe gedacht ist, erst in den letzten 30 bis 40 Minuten mitkochen.

Die Zwiebel gehört ebenfalls zu den fast unverzichtbaren Würzzutaten. Man kocht sie meist geschält und geviertelt mit, oder man steckt mit 1 oder 2 Gewürznelken 1 Lorbeerblatt auf die ganze Zwiebel.

Soll die Bouillon etwas kräftiger in der Farbe werden, so kocht man die Zwiebel mit der noch festhaftenden braunen Schale mit. Noch intensiver färbt sie, wenn die Schnittflächen der geschälten und halbierten Zwiebel auf der heißen Herdplatte hellbraun geröstet werden.

Soll die Bouillon nach dem Kochen serviert werden, läßt man sie etwas abkühlen und schöpft die Fettaugen mit einem Löffel von der Oberfläche. Fast völlig fettfreie Bouillon erhält man, wenn die Bouillon erkaltet ist. Man hebt die weiße Fettschicht mit einer Gabel ab und seiht die Bouillon noch einmal durch.

Zum Klären 2 Eiweiße mit etwa 10 Eiswürfeln, etwas gehacktem Suppengrün, 1 Lorbeerblatt und einigen Pfefferkörnern im Topf mischen, die entfettete, kalte Bouillon dazugießen und unter ständigem Umrühren aufkochen. Dann noch 20 Minuten ziehen lassen. Die Bouillon erneut durch ein Mulltuch seihen.

Den abgekühlten Extrakt dann in Eiswürfelschalen füllen und unverpackt an der kältesten Stelle des Gefriergeräts steinhart gefrieren lassen.

Die Würfel aus der Schale stürzen und Stück für Stück in Schlauchfolie verpacken. Dabei die Folie nach jedem Würfel so abbinden, daß man jeweils nur 1 bis 2 Würfel abschneiden und den Rest wieder ins Gefriergerät legen kann. Den Extrakt je nach Rezept verdünnen.

Die gute Bouillon

Varianten der Grundzutaten

Bouillon läßt sich aus den unterschiedlichsten Grundzutaten zubereiten. Am beliebtesten sind Rinderbouillon mit kräftigem und Kalbsbouillon mit dezentem Geschmack. Auf gleiche Weise kann man auch von Fisch, Geflügel, Gemüse und Wild eine Bouillon kochen, wobei sich je nach Rezept die Würzzutaten etwas verändern.

Geflügelbouillon kann aus Geflügelklein jeder Art gekocht werden, aus Hähnchen oder aus einem Suppenhuhn, das am meisten Geschmacksstoffe liefert. Ein Suppenhuhn mit den Würzzutaten 2½ bis 3 Stunden kochen lassen.

Schnelle Suppeneinlagen

Klare Bouillon läßt sich beispielsweise mit gegartem Reis oder Teigwaren, mit Schinkenstreifen, Wurstscheibchen, Würfeln von gegartem Fisch, Fleisch, Geflügel, mit Pfannkuchenstreifen, Eigelben, gehäuteten Tomatenstücken ergänzen. Manche dieser Einlagen ergeben sich aus Resten von anderen Gerichten. Kann man nicht auf solche zurückgreifen, bieten sich folgende schnell zubereitete Einlagen an.

Fadennudeln – pro Person etwa 30 g rohe Nudeln – mit einigen Tropfen Öl in sprudelnd kochendes Salzwasser geben, 3 bis 5 Minuten kochen lassen, in einem Sieb heiß abbrausen, abtropfen lassen und in sehr heißer Bouillon servieren.

Gemüse-Ergänzungen

Klare Bouillon – meist Fleischbouillon – wird nach dem Klären für festliche Essen in kleinen Tassen angerichtet und mit liebevoll zurechtgeschnittenem Gemüse oder mit Kräutern ergänzt. Gemüse und Kräuter müssen jung und erntefrisch sein. Je nach Konsistenz werden sie kurz vor dem Einlegen in die Bouillon blanchiert, gedämpft oder in etwas Butter gedünstet.

Brunoise sind etwa 3 mm kleine Würfel von Karotten, Knollensellerie und Lauch. Die Gemüsewürfel in wenig heißer Butter wenden, 1 bis 2 Eßlöffel Wasser oder Weißwein dazugießen und zugedeckt 5 Minuten dünsten. Vor dem Verwenden auf saugfähigem Papier abtropfen lassen.

Eierstich

Eine etwas zeitaufwendige, aber besonders edle Ergänzung feiner Bouillons. Es kommt darauf an, den Eierstich locker, aber schnittfest stocken zu lassen und ihn dann sehr sorgfältig in gleich kleine Rauten oder Würfel zu schneiden oder mit Mini-Förmchen Figuren aus ihm auszustechen. Eierstich kann durch Püree von Kräutern, Paprikaschoten, Möhren oder Tomaten abgewandelt werden.

Für 4 Personen 2 Eier mit 4 Eßlöffeln Milch, je 1 Messerspitze Salz und weißem Pfeffer sowie mit 1 Prise geriebener Muskatnuß verquirlen, in eine große ausgefettete Tasse füllen und mit doppelter Alufolie verschließen. Die Eimasse im heißen Wasserbad bei schwacher Hitze in 30 Minuten stocken lassen.

Fischbouillon bereitet man aus ganz frischen gewaschenen Fischabschnitten wie Flossen, Gräten, Köpfe und Schwänze. Zum Würzen sind Schalotten, weiße Pfefferkörner, Salz und Suppengemüse geeignet. Alles mit 2 l Wasser und – zur Verfeinerung – ¼ l trockenem Weißwein 25 Minuten sacht kochen lassen.

Klare **Gemüsebouillon** wird aus 600 g Suppengemüse, 1 Zwiebel und 1 Bund gemischten Kräutern zubereitet. Alle Zutaten putzen, waschen, zerkleinern und in 1 Eßlöffel Öl leicht anbraten. Mit 1 l Wasser aufgießen, zugedeckt 1 Stunde bei schwacher Hitze leicht kochen lassen und durchseihen.

Für **Croûtons** entrindetes Brot in etwa 1 cm große Würfel schneiden und unter Umwenden in heißer Butter goldbraun braten. Nach Belieben die Croûtons während des Bratens mit zerdrücktem Knoblauch mischen. Die Croûtons erst bei Tisch auf die Suppe streuen, damit sie knusprig verzehrt werden können.

Eierflocken geben der Bouillon einen größeren Sättigungswert. Pro Person ½ bis 1 Ei mit 1 Eßlöffel Wasser oder Sahne, etwas Salz und geriebener Muskatnuß verquirlen, in die leicht kochende Bouillon rühren und abseits vom Herd noch 5 Minuten darin ziehen lassen. Schnittlauchröllchen über die Bouillon streuen.

Chiffonnade sind Streifen von zartem grünen Salat und/oder Sauerampfer. Man verwendet beide getrennt oder gemischt. Sie werden in wenig Butter erhitzt, bis die Eigenflüssigkeit völlig verdampft ist. Für Cremesuppen können sie auch mit Sahne oder Crème fraîche gebunden werden.

Julienne sind millimeterdünne Streifen von rohem oder kurz gegartem Gemüse. Sie runden klare Bouillons und Cremesuppen ab. Klassisch sind die gedämpften Julienne aus hellem Lauch, Möhre, Knollensellerie und etwas Zwiebel, kurz in Butter und wenig Flüssigkeit gedünstet.

Vor dem Stürzen den Eierstich auf Festigkeit prüfen: Er muß leichtem Fingerdruck standhalten. Den Eierstich auf eine Platte stürzen, zunächst in Scheiben und diese in Rauten oder Würfel schneiden.

Will man Figuren in Blütenform ausstechen, den Eierstich in gleichmäßig dicke Scheiben schneiden und die Formen ausstechen. Nach Belieben die Figuren noch mit fein gehackten Kräutern, Paprika- oder Currypulver bestreuen.

Beliebte Klößchen

Markklößchen

Klößchen aus den verschiedensten Ingredienzien, in der Sprache der Gastronomie Quenelles genannt, sind beliebte Ergänzungen der klaren Bouillon. Die Hauptzutat kann Fisch, Fleisch, Geflügel oder Wild sein, aber auch Mehl oder andere Getreideprodukte. Je kleiner die Gebilde, um so größer der Effekt. Man kann haselnuß- bis walnußgroße Kugeln formen, mit einem Teelöffel kleine Nocken abstechen oder dem Beispiel für Markklößchen folgen.

3 Scheiben entrindetes Toastbrot würfeln und mit 1 Eßlöffel gehackter Petersilie, 2 Eiern und je 1 Messerspitze Salz und weißem Pfeffer in einer Schüssel mischen.

Kalbfleischklößchen

Sie eignen sich nicht nur als Ergänzung von klarer Bouillon, sondern reichern auch Cremesuppen und Gemüsesuppen an. Kalbfleischklößchen werden besonders geschätzt, weil sie aus zartem mageren Fleisch bestehen und sich ihres dezenten Aromas wegen gut mit Substanzen von ausgeprägtem Eigengeschmack kombinieren lassen.

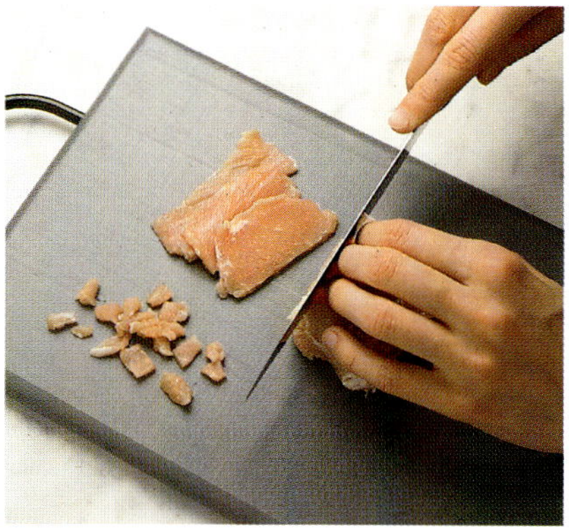

200 g Kalbslende oder -schnitzel für 1 Stunde ins Gefrierfach legen. Das durch die Kälte sehr fest gewordene Fleisch läßt sich dann leicht in sehr kleine Würfel schneiden.

Lachsklößchen

Fischklößchen sind als Delikatesse beliebt, vor allem Hechtklößchen, die aber vorwiegend als leichte Mahlzeit oder als Vorspeise serviert werden. Die Lachsklößchen schmecken dagegen in feiner Fischbouillon, in Geflügel- oder Gemüsebouillon besonders apart.

150 g eiskaltes Lachsfilet und 2 Schalotten mit dem Wiegemesser oder mit dem Pürierstab zerkleinern, mit 2 Eßlöffeln Crème fraîche verrühren und für 1 Stunde in den Kühlschrank stellen.

Grießklößchen

Je nach Größe tragen Grießklößchen weniger zum Raffinement als zur Sättigung bei. Dennoch sind alle Klößchen aus Getreideprodukten kulinarisch eine feine Ergänzung von klarer Bouillon für alle, die gerne eine festliche Mahlzeit fleischlos genießen möchten. Der Grieß läßt sich durch Buchweizen, Grünkern, Hirse, Maisgrieß oder fein geschroteten Weizen ersetzen.

2 Eßlöffel weiche Butter mit 7 bis 8 Eßlöffeln Grieß, 1 Ei und je 1 Messerspitze Salz und geriebener Muskatnuß verrühren. Erscheint die Masse zu trocken und läßt sie sich schlecht vermengen, noch etwas Milch hinzufügen.

Aus 2 Markknochen mit einem Kochlöffelstiel das Mark herausstoßen. Etwa 100 g Mark klein würfeln, mit der Brot-Ei-Masse vermengen und zu einer knapp 2 cm dicken Rolle formen.

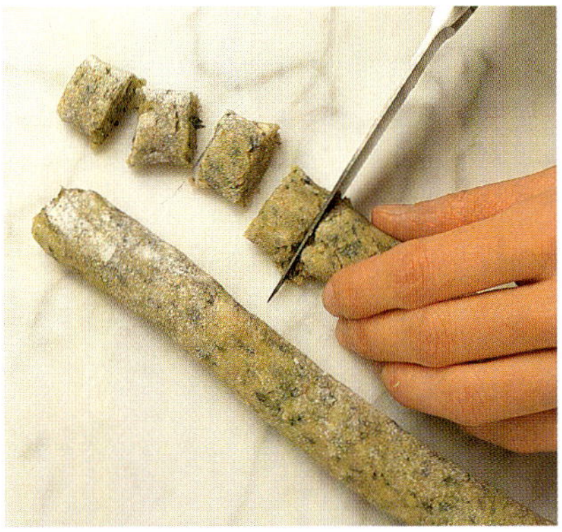

Die Rolle in etwa 2 cm große »Kissen« schneiden, in leicht kochendes Salzwasser legen, 10 Minuten darin ziehen – nicht kochen – lassen, auf einem Schaumlöffel abtropfen lassen und in die heiße Bouillon geben.

Die Fleischwürfel mit wenig Salz und weißem Pfeffer und 1 Ei im Kleinmixer oder mit dem Pürierstab zerkleinern und dann mit 3–4 Eßlöffeln Sahne und 1–2 Eßlöffeln hellen Semmelbröseln zu einer geschmeidigen Masse vermischen.

Jeweils einen erhabenen Teelöffel von der Masse abstechen, mit dem Finger in leicht kochendes Salzwasser streifen und 10 Minuten darin ziehen – nicht kochen – lassen. Die Klößchen auf einem Schaumlöffel abtropfen lassen und mit gehackten Kräutern der Saison in die Bouillon geben.

Die Lachsmasse dann mit 2 Teelöffeln Dillspitzen, 1 Messerspitze Salz und 1 Teelöffel Paprikapulver, edelsüß, mischen. Es muß eine geschmeidige, formbare Masse entstehen.

Mit nassen Händen aus der Lachsmasse haselnußgroße Kugeln formen, in leicht kochendes Salzwasser legen und 10 Minuten darin ziehen – nicht kochen – lassen. Die Klößchen dann auf einem Schaumlöffel abtropfen lassen und in die heiße Bouillon geben.

Die Grießmasse 30 Minuten quellen lassen. Mit zwei Teelöffeln ein Probeklößchen abstechen und in leicht kochender Bouillon 10 Minuten ziehen – nicht kochen – lassen.

Zerfällt oder verformt sich das Probeklößchen während des Garens, unter die Grießmasse noch etwas Grieß mischen und vor dem Garen nochmal 15 Minuten quellen lassen. Dann wie oben beschrieben fertigstellen.

Gebundene Suppen

Legieren mit Eigelb und Sahne

Die leichteste Bindung wird durch Eigelb und Sahne erreicht. Man muß mit diesen hitzeempfindlichen Substanzen aber vorsichtig umgehen, da sie, zu hoch erhitzt, leicht gerinnen.

1 Je nach gewünschter Konsistenz für 4 Portionen Suppe 1 bis 2 Eigelbe mit 4 bis 6 Eßlöffeln Sahne oder 3 bis 4 Eßlöffeln Crème fraîche verquirlen.

2 Von der zu bindenden fertigen Suppe 5 Eßlöffel mit der Eigelb-Sahne-Mischung verrühren.

3 Die Suppe, die inzwischen leicht gekocht hat, vom Herd nehmen und die Eigelb-Sahne-Mischung gründlich untermengen.

4 Die Suppe dann bei äußerst schwacher Hitze auf dem Herd weiterrühren, bis sie sämig wird, dabei aber auf keinen Fall kochen lassen.

Butter-Mehl-Klößchen

Das Herstellen des Butter-Mehl-Klößchens macht ein wenig Mühe, aber mit dieser Art der Bindung bildet das Mehl garantiert keine Klümpchen.

1 1 Eßlöffel Butter mit 2 Eßlöffeln Mehl – je nach gewünschter Konsistenz auch etwas mehr oder weniger Butter und Mehl – mit einer Gabel verkneten.

2 Aus dem Mehlteig mit 2 Teelöffeln oder 1 Eßlöffel ein Klößchen formen.

3 Das Klößchen ganz oder portionsweise in die kochende Suppe geben und unter ständigem Umrühren mit dem Schneebesen auflösen.

4 Die Suppe einige Minuten leicht kochen lassen, damit die gewünschte Bindung entsteht und kein Mehlgeschmack bleibt. Dann anrichten und verzieren.

Binden mit Gemüse

Diese Bindung ist ideal für Gemüsepüreesuppen, aber auch eine wertvolle Anreicherung für Fleisch- und Geflügelsuppen.

1 500 g Gemüse einer Art oder auch gemischt putzen, waschen und etwa 100 g davon beiseite stellen. Den Rest sehr klein schneiden.

2 Das zerkleinerte Gemüse von Bouillon bedeckt je nach Art 5 bis 10 Minuten zugedeckt kochen lassen. Das rohe Gemüse fein raspeln.

3 Das gare Gemüse etwas abkühlen lassen und mit der Bouillon im Mixer oder mit dem Pürierstab pürieren. Je nach Größe des Mixers in Portionen arbeiten.

4 Das Gemüsepüree mit Bouillon oder Suppe auffüllen, bis die gewünschte Bindung erreicht ist. Die Suppe würzen, mit dem geraspelten Gemüse verrühren und mit gehackten Kräutern bestreuen.

Velouté

Sie ist die klassische Grundlage aller Samt- oder Cremesuppen und wird vor allem für die berühmten Suppen der Gastronomie benötigt. Das Wort Velouté leitet sich aus dem französischen *velours* ab, was samt-artige Beschaffenheit bedeutet.

1 1 kleine Zwiebel oder Schalotte fein würfeln, in 2 Eßlöffeln Butter glasig braten, mit 1 bis 2 Eßlöffeln Mehl bestäuben und weiterbraten, bis das Mehl hellgelb ist.

2 Die Einbrenne mit heller Bouillon aufgießen und unter Umrühren 10 Minuten leicht kochen lassen.

3 In einem separaten Topf 0,2 bis 0,25 l Sahne bei schwacher Hitze um die Hälfte einkochen lassen.

4 Die vorgegarten Hauptzutaten in die Suppe geben, alles durch ein Haarsieb streichen und mit der reduzierten Sahne und eventuell noch mit 1 Eigelb legieren.

Suppen mit Durchblick

Klare Bouillons bringen die kleinen Delikatessen darin so richtig zur Geltung

Geflügelbouillon mit Fleischeinlage

Frische, leichte Sommersuppen, mit denen man Gäste bewirten kann

Geflügelbouillon mit Hühnerbrust

im Bild links

- 2 ausgelöste Hühnerbrüste ohne Haut
- 2 kleine Knoblauchzehen
- 2 Eßl. trockener Sherry
- 1 Eßl. Sojasauce
- 250 g Fenchelknollen
- 1 l Hühnerbouillon
- je ½ Teel. Salz und frisch gemahlener weißer Pfeffer

Braucht etwas Zeit
Gelingt leicht

Pro Person etwa 480 kJ/
110 kcal · 19 g Eiweiß
1 g Fett · 5 g Kohlenhydrate

Vorbereitungszeit: 15 Minuten
Marinierzeit: 30 Minuten
Fertigstellung: 45 Minuten

Die Hühnerbrust in schmale Streifen schneiden. • Die Knoblauchzehen schälen und durch die Presse in eine Schale drücken. Den Sherry und die Sojasauce hinzufügen und alles verrühren. • Das Geflügelfleisch mit der Marinade vermengen und zugedeckt 30 Minuten im Kühlschrank marinieren lassen. • Den Fenchel putzen, mit dem Fenchelgrün waschen und trockentupfen. Das Grün beiseite legen. Den Fenchel längs halbieren und quer in schmale Streifen schneiden. • Die Hühnerbouillon zum Kochen bringen. • Den Fenchel, die Hühnerbruststreifen und die Marinade in der Bouillon 10 Minuten bei schwacher Hitze sacht kochen lassen. • Die Suppe mit dem Salz und dem Pfeffer dezent abschmecken und mit dem gehackten Fenchelgrün bestreuen.

Unser Tip: Am besten schmecken die beiden Suppen, wenn man die Geflügelbouillon selbst zubereitet (Rezept Seite 12).

Geflügelbouillon mit Putenbrust

im Bild rechts

- ½ Bund Pfefferminze
- 1 Zwiebel
- 1 Eßl. Butter
- 1 l Geflügelbouillon
- 100 g grüne Bohnen
- ½ Teel. Salz
- 1 Teel. frisch gemahlener weißer Pfeffer
- 1 Messerspitze Cayennepfeffer
- 6 Eßl. Couscousgrieß
- 200 g geräucherte Putenbrust in dünnen Scheiben

Schnell • Gelingt leicht

Pro Person etwa 540 kJ/
130 kcal · 13 g Eiweiß
3 g Fett · 12 g Kohlenhydrate

Zubereitungszeit: 40 Minuten

Die Pfefferminze abbrausen, ein paar Blättchen beiseite legen, den Rest grob hacken. • Die Zwiebel schälen und fein hakken. • Die Butter in einem Suppentopf zerlassen, die Minze und die Zwiebel darin anbraten, die Geflügelbouillon dazugießen und alles bei schwacher Hitze 20 Minuten kochen lassen. • Die Bohnen waschen, putzen und in Stükke schneiden. Die Suppe durchseihen, wieder in den Topf gießen, mit dem Salz, dem Pfeffer und dem Cayennepfeffer würzen. Die Bohnen dazugeben und den Couscousgrieß einstreuen. Die Bouillon unter öfterem Umrühren weitere 10 Minuten leicht kochen lassen. • Die Putenbrust in sehr schmale Streifen schneiden und in der Suppe erhitzen. • Die Bouillon in Tellern oder Suppentassen anrichten und mit den zurückbehaltenen Pfefferminzblättchen bestreuen.

Spezialitäten mit Hühnerbouillon

Garnelen und Geflügelleber verfeinern die Bouillon für festliche Essen

Reissuppe mit Garnelen

im Bild links

- 2 Schalotten
- 1 Eßl. Butter
- 6 Eßl. Langkornreis
- 1 l Hühnerbouillon
- ½ Teel. frisch gemahlener weißer Pfeffer
- etwas abgeriebene Schale von 1 ungespritzten Zitrone
- je 1 Prise Salz und frisch geriebene Muskatnuß
- 1 Eßl. Zitronensaft
- 1 Frühlingszwiebel
- 150 g frische Garnelen

Gelingt leicht

Pro Person etwa 370 kJ/ 88 kcal · 8 g Eiweiß 1 g Fett · 13 g Kohlenhydrate

Zubereitungszeit: 45 Minuten

Die Schalotten schälen und fein hacken. • Die Butter in einem Topf erhitzen, die Schalotten darin glasig braten. Den Reis hinzufügen und unter Umrühren 3 Minuten mitbraten. • Die Hühnerbouillon dazugießen, zum Kochen bringen und den Reis bei schwacher Hitze in 20 Minuten garen. • Die Suppe mit dem Pfeffer, der Zitronenschale, dem Salz, dem Muskat und dem Zitronensaft abschmecken. • Die Frühlingszwiebeln in feine Ringe schneiden. • Die Garnelen, wenn nötig, aus der Kruste nehmen und den feinen dunklen Strang (Darm) am Schwanzende entfernen. • Die Zwiebelringe und die Garnelen in der Suppe erhitzen.

Unser Tip: Garnelen werden häufig irreführend Krabben genannt. Man kauft sie am besten frisch, möglichst in der Schale, da sie dann am aromatischsten sind. Garnelen werden auch geschält, tiefgefroren oder in Dosen/Gläsern angeboten.

Hühnerbouillon mit Leberklößchen

im Bild rechts

- 1 kleine Zwiebel · 1 Eßl. Butter
- 300 g Geflügellebern
- 3 leicht gehäufte Eßl. Semmelbrösel · 1 Eigelb
- 1 Bund Basilikum
- 1 Messerspitze Salz
- ½ Teel. frisch gemahlener weißer Pfeffer
- je 1 Messerspitze frisch geriebene Muskatnuß und Cayennepfeffer
- 1 l Hühnerbouillon

Preiswert

Pro Person etwa 940 kJ/ 220 kcal · 22 g Eiweiß 12 g Fett · 8 g Kohlenhydrate

Vorbereitungszeit: 30 Minuten
Kühlzeit: 20 Minuten
Fertigstellung: 20 Minuten

Die Zwiebel schälen und sehr fein hacken. • Die Butter in einer Pfanne zerlassen, die Zwiebelwürfel darin glasig braten und beiseite stellen. • Die Geflügellebern waschen und durch die feinste Scheibe des Fleischwolfs drehen. Das Leberpüree mit den Semmelbröseln, dem Eigelb und den Zwiebelwürfeln vermischen. • Das Basilikum abbrausen, trockenschleudern, die Blättchen abzupfen. Die Hälfte davon in feine Streifen schneiden und mit dem Salz, dem Pfeffer, dem Muskat und dem Cayennepfeffer unter die Leber mischen. Das Püree abschmecken und zugedeckt 20 Minuten im Kühlschrank ruhen lassen. • In einem Topf Salzwasser erhitzen. • Vom Leberpüree mit einem Teelöffel Klößchen abstechen, in das siedende Salzwasser legen und bei schwacher Hitze in etwa 5 Minuten darin garen. • Die Hühnerbouillon erhitzen. • Die Leberklößchen in vier Teller verteilen, mit der heißen Bouillon übergießen und mit den Basilikumblättchen bestreuen.

Rinderbouillon mit feinen Klößchen

Klößchen aus verschiedenen Zutaten schmecken gut in einer kräftigen Bouillon

Bouillon mit Grießklößchen

im Bild rechts

- 500 g Zwerchrippe vom Rind
- 2 Suppenknochen
- 1 Bund Suppengrün
- ½ Lorbeerblatt
- 1 Gewürznelke · 1 Zwiebel
- 200 g Möhren · 1 Stange Lauch
- ½ Bund Schnittlauch
- 1 Eßl. Sojasauce
- ¼ Teel. Salz

Für die Klößchen:

- 0,1 l Wasser · 25 g Butter
- je 1 Messerspitze Salz und frisch geriebene Muskatnuß
- 50 g Grieß
- 1 kleines Ei

Braucht etwas Zeit

Pro Person etwa 1200 kJ/
290 kcal · 17 g Eiweiß
17 g Fett · 17 g Kohlenhydrate

Vorbereitungszeit: 30 Minuten
Garzeit: 3 Stunden und 10 Minuten

Das Fleisch mit den Knochen, dem Suppengrün und der mit dem Lorbeerblatt und der Nelke besteckten Zwiebel in 2 l Wasser zum Kochen bringen. Den Schaum wiederholt abschöpfen und die Bouillon 3 Stunden sacht kochen lassen. • Die Möhren und den Lauch waschen und in sehr feine Streifen (Julienne) schneiden, mit den Julienne zugedeckt beiseite stellen. • Für die Klößchen das Wasser mit der Butter, dem Salz und dem Muskat aufkochen lassen. Den Grieß unterrühren, in etwa 10 Minuten ausquellen und abkühlen lassen. Das Ei untermischen. • Die Bouillon durchseihen, mit der Sojasauce und dem Salz abschmecken und wieder zum Sieden bringen. • Von der Grießmasse mit zwei Teelöffeln Klößchen abstechen und diese mit den Gemüsejulienne bei ganz schwacher Hitze in der Bouillon 10 Minuten ziehen lassen. • Den Schnittlauch waschen, trockentupfen und in Röllchen schneiden. Die Suppe mit dem Schnittlauch bestreut servieren.

Bouillon mit Markklößchen

im Bild links

- 750 g Suppenknochen
- 500 g Rindernacken
- 1 Bund Suppengrün
- 1 Zwiebel
- 1 Teel. Salz
- 1 Handvoll Gartenkresse

Für die Klößchen:

- 1 Brötchen vom Vortag
- 2 Markknochen
- 1 Ei
- je 1 Messerspitze Salz und frisch gemahlener schwarzer Pfeffer
- 2–3 Eßl. Mehl

Preiswert

Pro Person etwa 1200 kJ/
290 kcal · 27 g Eiweiß
10 g Fett · 18 g Kohlenhydrate

Vorbereitungszeit: 30 Minuten
Garzeit: 3 Stunden

Die Knochen, das Fleisch, das Suppengrün und die geschälte Zwiebel mit 2 l Wasser und dem Salz zum Kochen bringen. In den ersten 30 Minuten den Schaum abschöpfen und die Bouillon etwa 3 Stunden bei schwacher Hitze zugedeckt kochen lassen. • Für die Klößchen das Brötchen einweichen. • Die Knochen in einer Pfanne rösten, bis sich das Mark herauslöst. • Das Ei mit dem Mark, dem ausgedrückten Brot, dem Salz, dem Pfeffer und so viel Mehl verkneten, bis eine geschmeidige Masse entsteht, dann walnußgroße Klößchen daraus formen. • Die Bouillon durchseihen und wieder zum Sieden bringen. • Die Klößchen 10 Minuten in der Bouillon ziehen lassen. • Die Bouillon mit der Kresse bestreuen.

Bouillon mit Biskuitschöberln

Biskuitschöberl machen etwas Arbeit, aber die Mühe lohnt sich

750 g Rinder-Querrippe
500 g Rinderknochen
2 Möhren · 2 dünne Stangen Lauch · 250 g Knollensellerie
1 Petersilienwurzel
1 Zwiebel · 2 Lorbeeerblätter
1 Teel. weiße Pfefferkörner
2 Teel. Salz
2 Eßl. Schnittlauchröllchen
Für die Biskuitschöberl:
2 Eier · 1 Prise Salz
1 Messerspitze frisch geriebene Muskatnuß
1–2 Eßl. Sahne · 3 Eßl. Mehl
Für das Backblech:
Butter und Mehl

Spezialität aus Österreich
Braucht etwas Zeit

Pro Person etwa 1700 kJ/ 400 kcal · 32 g Eiweiß 22 g Fett · 18 g Kohlenhydrate

Vorbereitungszeit: 30 Minuten
Garzeit: 3 Stunden

Das Fleisch und die Knochen waschen und abtrocknen. • Die Knochen in einem Suppentopf anrösten, 3 l Wasser dazugießen, das Fleisch hineingeben und die Bouillon 3 Stunden bei schwacher Hitze kochen lassen. In den ersten 30 Minuten den Schaum abschöpfen. • Das Gemüse putzen, waschen und grob zerkleinern. Die Zwiebel schälen und mit dem Gemüse, den Lorbeerblättern, den Pfefferkörnern und dem Salz in die Bouillon geben. • Nach 2½ Stunden Garzeit den Backofen auf 225° vorheizen. Ein Backblech ausfetten und mit Mehl bestäuben. • Die Eier in Eigelbe und Eiweiße trennen. Die Eiweiße mit dem Salz zu steifem Schnee schlagen. Die Eigelbe mit dem Muskat, der Sahne und dem Mehl verrühren und den Eischnee unterheben. • Den Biskuit fingerdick auf das Backblech streichen und in etwa 10 Minuten auf der mittleren Schiene goldgelb backen. • Den Biskuit etwas abkühlen lassen, auf ein Brett stürzen, in Rhomben schneiden und in vier Suppenteller verteilen. • Die Bouillon durchseihen, kräftig abschmecken und über die Schöberln gießen. Die Suppe mit dem Schnittlauch bestreuen.

Feine Rinderbouillon mit Pilzen

Ob preiswerte Champignons oder teure Steinpilze, beide schmecken köstlich in Bouillon

Bouillon mit Steinpilzen

im Bild links

- 1 Bund Suppengrün
- 250 g Fleischtomaten
- 1 l Rinderbouillon
- 500 g Steinpilze
- 2 Schalotten
- 1 Eßl. Butter · 1 Eßl. Mehl
- 1 Teel. getrockneter Estragon
- je ½ Teel. Salz und frisch gemahlener schwarzer Pfeffer
- 1 Messerspitze frisch geriebene Muskatnuß
- ⅛ l Sahne
- 4 Eßl. trockener Weißwein
- 1 Eßl. Schnittlauchröllchen

Etwas teurer
Braucht etwas Zeit

Pro Person etwa 820 kJ/
200 kcal · 6 g Eiweiß
13 g Fett · 12 g Kohlenhydrate

Garzeit: 1 Stunde
Zubereitungszeit: 45 Minuten

Das Suppengrün putzen, waschen und kleinschneiden. Die Tomaten waschen und vierteln. • Das Gemüse mit der Bouillon zum Kochen bringen und 1 Stunde sacht kochen lassen. • Die Steinpilze putzen, waschen und die Kappen sowie die Stiele blättrig schneiden. • Die Schalotten schälen und fein hakken. • Die Bouillon durchseihen. • Die Butter im Suppentopf zerlassen, die Pilze und die Schalotten darin anbraten. Das Mehl darüberstäuben, alles glattrühren und mit dem Estragon, dem Salz, dem Pfeffer und dem Muskat würzen. • Die Bouillon dazugießen, einmal aufkochen und anschließend 20 Minuten ziehen lassen. • Die Suppe zuletzt mit der Sahne und dem Wein verrühren und mit dem Schnittlauch bestreuen.

Unser Tip: Diese edle Vorsuppe kann durch frisch gebackene Fleurons ergänzt werden.

Bouillon mit Glasnudeln

im Bild rechts

- 1 dünne Stange Lauch
- 100 g Champignons
- 2 Eßl. Butter
- 200 g gemischtes Hackfleisch
- je ½ Teel. Salz und frisch gemahlener weißer Pfeffer
- 1 Prise Paprikapulver, scharf
- 1 l Rinderbouillon
- 100 g Glasnudeln
- etwas Zitronensaft
- 3 Eßl. Sojasauce

Schnell • Gelingt leicht

Pro Person etwa 1100 kJ/
260 kcal · 16 g Eiweiß
14 g Fett · 20 g Kohlenhydrate

Zubereitungszeit: 30 Minuten

Den Lauch putzen, waschen, abtrocknen und in dünne Ringe schneiden. • Die Champignons trocken abreiben, putzen und blättrig schneiden. • Die Butter in einem Suppentopf zerlassen, den Lauch und die Champignons darin kräftig anbraten. Das Hackfleisch hinzufügen, zerstoßen und braten, bis es leicht gebräunt ist. Das Hackfleisch mit dem Salz, dem Pfeffer und dem Paprikapulver würzen, die Bouillon dazugießen und zum Kochen bringen. • Die Glasnudeln mit kochendem Wasser überbrühen, in einem Sieb abtropfen lassen und in gleich kleine Stücke schneiden. • Die Glasnudeln dann in der Bouillon bei schwacher Hitze 10 Minuten ziehen lassen. • Die Suppe mit Zitronensaft und der Sojasauce abschmecken und heiß servieren.

Unser Tip: Selbstverständlich kann man für die Suppe auch reines Rinderhackfleisch (hat weniger Kalorien) und statt der Glasnudeln Fadennudeln verwenden.

Raffinierte Fischsuppen

Mit selbstzubereiteter Fischbouillon und feiner Ergänzung sollte man öfter Gäste verwöhnen

Fischbouillon mit Muscheln

im Bild links

750 g Fischabschnitte
2 Knoblauchzehen · 3 Zwiebeln
1 Lorbeerblatt
je 1 Teel. Wacholderbeeren und schwarze Pfefferkörner
1 Teel. Salz
500 g Miesmuscheln
1 Eßl. Butter · ⅛ l Weißwein
500 g Tomaten · ½ Bund Dill

Braucht etwas Zeit

Pro Person etwa 970 kJ/ 230 kcal · 32 g Eiweiß
7 g Fett · 5 g Kohlenhydrate

Garzeit: 1 Stunde
Zubereitungszeit: 30 Minuten

Die Fischabschnitte waschen. • Die Knoblauchzehen und die Zwiebeln schälen. 2 Zwiebeln mit 1 Knoblauchzehe, den Fischabschnitten, dem Lorbeerblatt, den Gewürzkörnern, dem Salz und 1½ l Wasser 1 Stunde sacht kochen lassen. • Die Muscheln bürsten und die Byssusfäden entfernen. • Die übrige Zwiebel und den Knoblauch hacken, in der Butter glasig braten und mit dem Wein aufgießen. Die Muscheln in dem Sud zugedeckt in 15 Minuten garen. • Die Tomaten häuten und würfeln. • Die Fischbouillon und den Muschelsud durchseihen, mischen und die Tomaten darin 5 Minuten ziehen lassen. • Die Muscheln in die Suppe geben und diese mit den Dillspitzen bestreut servieren.

Fischbouillon mit Knoblauchcroûtons

im Bild rechts

500 g Fischabschnitte (Köpfe, Gräten, Flossen)
1 Petersilienwurzel
2 Zwiebeln
je 4 Piment- und schwarze Pfefferkörner · 1 Lorbeerblatt
2 Zweige Petersilie
1 Teel. Salz
250 g Seefischfilets
1–2 Eßl. Zitronensaft
200 g Möhren · je 1 gelbe und rote Paprikaschote
2 Eßl. Olivenöl
150 g gepalte Erbsen
1 Knoblauchzehe
1 Brötchen vom Vortag
1 Prise frisch gemahlener weißer Pfeffer

Braucht etwas Zeit

Pro Person etwa 1300 kJ/ 310 kcal · 34 g Eiweiß
9 g Fett · 26 g Kohlenhydrate

Garzeit: 1½ Stunden
Zubereitungszeit: 30 Minuten

Die Fischabschnitte waschen. • Die Petersilienwurzel und die Zwiebeln schälen. 1 Zwiebel vierteln und mit der Petersilienwurzel, den Gewürzkörnern, dem Lorbeerblatt, 1 Zweig Petersilie, etwas Salz, den Fischabschnitten und 1½ Wasser 30 Minuten sieden lassen. • Die Fischfilets mit Zitronensaft beträufeln. • Die Möhren in Scheiben schneiden. Die Schoten würfeln. Die zweite Zwiebel hacken, in 1 Eßlöffel Öl glasig braten, die Möhren und 5 Eßlöffel Fischbouillon hinzufügen und 5 Minuten dünsten. Die Schotenwürfel und die Erbsen dazugeben, das Filet darauf legen und alles in weiteren 5 Minuten garen. • Die Knoblauchzehe schälen, durchpressen und mit dem restlichen Salz mischen. • Das Brötchen würfeln und im restlichen Öl mit dem Knoblauch goldbraun braten. • Die Bouillon durchseihen, mit Zitronensaft und dem Pfeffer würzen. Das Gemüse und die zerkleinerten Fischfilets in die Suppe geben und die Croûtons sowie die Blättchen von dem restlichen Petersilienzweig darüber streuen.

Fischbouillon mit Buchweizenklößchen

Die schmackhaften Klößchen passen gut zur feinen Bouillon

500 g Lachsköpfe und -schwänze
½ Bund Suppengrün
1 Zwiebel
10 weiße Pfefferkörner
½ Teel. Dillsamen
⅛ l Weißwein
½ Teel. Meersalz
Saft von ½ Zitrone
2 Eßl. gehackter Dill
Für die Klößchen:
100 g Buchweizenmehl
1 Eßl. puderfeines Vollsojamehl
½ Teel. Meersalz
1 Messerspitze frisch gemahlener weißer Pfeffer
40 g Butter · 2 Eier
Saft von ½ Zitrone
1 Eßl. Schnittlauchröllchen

Vollwertrezept

Pro Person etwa 1600 kJ/
380 kcal · 19 g Eiweiß
22 g Fett · 24 g Kohlenhydrate

Zubereitungszeit: 1 Stunde

Die Lachsköpfe und -schwänze waschen. • Das Suppengrün putzen und waschen. • Die Zwiebel schälen und würfeln. • Die Fischabschnitte mit dem Suppengrün, der Zwiebel, den Pfefferkörnern, dem Dillsamen und 1½ l Wasser 20 Minuten bei schwacher Hitze leicht kochen lassen. • Nach 15 Minuten den Wein in die Bouillon gießen. • Die Bouillon dann durchseihen. • Für die Klößchen das Buchweizenmehl mit dem Sojamehl, dem Salz und dem Pfeffer vermischen. • Die Butter zerlassen und mit den Eiern, dem Zitronensaft und dem Schnittlauch unter das Mehlgemisch rühren. • Die Klößchenmasse 15 Minuten quellen lassen. • Die Bouillon wieder aufkochen lassen. • Mit zwei Teelöffeln 12 Klößchen aus dem Teig formen und diese 10 Minuten in der Bouillon ziehen lassen. • Die Suppe mit Salz und dem Zitronensaft abschmecken und mit dem Dill bestreut servieren.

Unser Tip: Noch edler wird's, wenn Sie zusätzlich Lachs in Würfel geschnitten mit den Klößchen in der Bouillon garziehen lassen.

Bouillon mit Getreideklößchen

Raffinierte Vollwertrezepte, die auch Zögernde überzeugen

Geflügelbouillon mit Hirseklößchen

im Bild links

1 dünne Stange Lauch
1 Möhre
1½ l Geflügelbouillon
½ Teel. Meersalz
1 Eßl. gehackte Petersilie
Für die Klößchen:
80 g feingemahlene Hirse
½ Teel. Meersalz
½ Teel. gehacktes Basilikum
je 1 Messerspitze Curry und frisch gemahlener weißer Pfeffer
40 g Butter · 2 Eier
3 Eßl. Graham-Paniermehl

Vollwertrezept

Pro Person etwa 1200 kJ/
290 kcal · 11 g Eiweiß
15 g Fett · 24 g Kohlenhydrate

Zubereitungszeit: 55 Minuten

Den Lauch putzen, waschen und in Scheibchen schneiden. • Die Möhre schälen und klein würfeln. • Für die Klößchen das Hirsemehl in einer schweren Pfanne mit dem Salz, dem Basilikum, dem Curry und dem Pfeffer unter Umrühren anrösten. Sobald das Mehl angenehm duftet, die Butter hinzufügen, die Pfanne vom Herd nehmen und die schmelzende Butter mit dem Mehl mischen. • Etwa 4 Eßlöffel Wasser dazugießen und unter Umrühren erhitzen, bis sich das Mehl zu einem Kloß formt, dann etwas abkühlen lassen. • Die Eier nacheinander unter den Teig rühren und das Paniermehl unterkneten. • Den Teig gut 10 Minuten quellen lassen. • Die Bouillon mit dem vorbereiteten Gemüse aufkochen lassen. • Aus dem Hirseteig 16 Klößchen (am besten mit dem Kugelausstecher) formen und in der Bouillon 15 Minuten ziehen lassen. • Die Suppe mit dem Salz abschmecken und die Petersilie darüber streuen.

Rinderbouillon mit Grünkernklößchen

im Bild rechts

500 g Suppenknochen
1 Bund Suppengrün
5 schwarze Pfefferkörner
1 Pimentkorn
1 Lorbeerblatt
½ Teel. Meersalz
1 Eßl. gehackte Petersilie
Für die Klößchen:
100 g feingemahlener Grünkern
1 Prise Meersalz
1 Messerspitze frisch gemahlener schwarzer Pfeffer
2 Eßl. Olivenöl
je 1 Eßl. Sojasauce und Tomatenmark · 2 Eier
1 Eßl. gehackte Petersilie
1 Eßl. Schnittlauchröllchen

Vollwertrezept

Pro Person etwa 1200 kJ/
290 kcal · 21 g Eiweiß
15 g Fett · 19 g Kohlenhydrate

Vorbereitungszeit: 30 Minuten
Quellzeit: 30 Minuten
Garzeit: 3½ Stunden

Die Knochen waschen. • Das Suppengrün putzen, waschen und mit den Knochen, den Gewürzkörnern, dem Lorbeerblatt und 1½ l Wasser zum Kochen bringen, dann 3 Stunden sacht kochen lassen. • Für die Klößchen das Grünkernmehl mit dem Salz, dem Pfeffer und dem Öl zu einer bröseligen Masse verrühren. Die Sojasauce, das Tomatenmark, die Eier nacheinander und zuletzt die Kräuter unter den Teig mischen und 30 Minuten quellen lassen. • Die Bouillon durchseihen und wieder zum Kochen bringen. • Aus dem Teig etwa 16 Klößchen formen und in der Bouillon 20 Minuten ziehen lassen. • Die Suppe mit der Petersilie bestreuen.

Bouillons, französisch und italienisch

Feine Suppen, wie sie unsere Nachbarn lieben

Französische Zwiebelsuppe

im Bild rechts

- 1 Bund Suppengrün
- 500 g Rinder-Querrippe
- 500 g Kalbsknochen
- 1 Bouquet garni
- 1 Teel. schwarze Pfefferkörner
- 1 Teel. Salz · 600 g Zwiebeln
- 1 Knoblauchzehe · 50 g Butter
- ½ Teel. frisch gemahlener schwarzer Pfeffer
- 4 Eßl. trockener Weißwein
- 12 Scheiben Stangenweißbrot, etwa 2 cm dick
- 100 g frisch geriebener Greyerzer Käse

Braucht etwas Zeit

Pro Person etwa 2100 kJ/ 500 kcal · 25 g Eiweiß 23 g Fett · 46 g Kohlenhydrate

Vorbereitungszeit: 15 Minuten
Garzeit: 3½ Stunden
Fertigstellung: 45 Minuten

Das Suppengrün putzen, waschen und grob zerkleinern. • Das Fleisch und die Knochen waschen und mit dem Suppengrün, dem Bouquet garni, den Pfefferkörnern, etwas Salz und 2½ l Wasser 2½ Stunden leicht kochen lassen. • Die Bouillon abkühlen lassen. Das Fleisch, die Knochen und das Gemüse entfernen. • Die Suppe duch ein mit einem feuchten Mulltuch ausgelegtes Sieb gießen, völlig kalt werden lassen und entfetten. • Die Zwiebeln und die Knoblauchzehe schälen. Die Zwiebeln in sehr dünne Scheiben schneiden. • Einen Schmortopf mit der halbierten Knoblauchzehe ausreiben. Die Butter im Topf zerlassen, die Zwiebeln bei schwacher Hitze darin goldbraun schmoren, mit der Bouillon aufgießen und 1 Stunde sacht kochen lassen. • Die Suppe mit Salz, dem Pfeffer und dem Weißwein abschmekken, in vier feuerfeste Suppentassen füllen, mit je 3 Brotscheiben belegen und den Käse auf das Brot streuen. • Die Suppenportionen im vorgeheizten Grill etwa 15 Minuten überbacken.

Gemüsesuppe mit Zucchini und Tomaten

im Bild links

- 1 große Zwiebel
- 3 Knoblauchzehen
- 1 Eßl. Olivenöl
- 400 g Zucchini
- 400 g Fleischtomaten
- ¾ l Gemüsebouillon
- je ½ Teel. Salz und frisch gemahlener schwarzer Pfeffer
- 1 Teel. getrockneter Oregano
- 2 Teel. Balsamico-Essig

Preiswert • Gelingt leicht

Pro Person etwa 310 kJ/ 74 kcal · 3 g Eiweiß 3 g Fett · 9 g Kohlenhydrate

Zubereitungszeit: 1 Stunde

Die Zwiebel schälen und fein hacken. • Die Knoblauchzehen schälen und durch die Presse drücken. • Das Öl in einem großen Topf erhitzen und die Zwiebelwürfel darin glasig braten. Den Knoblauch untermischen und den Topf vom Herd nehmen. • Die Zucchini waschen, trockenreiben, von den Stielansätzen befreien, längs vierteln und nicht zu klein würfeln. • Die Tomaten am runden Ende einschneiden, überbrühen, häuten, in Stücke schneiden und dabei die Stielansätze entfernen. • Die Zucchini und die Tomaten zu den Zwiebeln geben, unter Umrühren anbraten, mit der Gemüsebouillon aufgießen und 15 Minuten zugedeckt sacht kochen lassen. • Die Suppe mit dem Salz, dem Pfeffer und dem Oregano würzen und mit dem Essig abschmecken. • Dazu kräftiges Bauernbrot reichen.

Crème Rana

Für die berühmte Tänzerin Rana wurde diese Suppe kreiert

250 g fett- und sehnenfreie Rinderkeule	
1 Eßl. Olivenöl	
¼ l Rinderbouillon	
0,2 l Sahne	
6 Eßl. Sherry fino	
1 Eigelb	
½ Teel. Salz	
2 Messerspitzen frisch gemahlener weißer Pfeffer	
3 Eßl. Kerbelblättchen	

Etwas schwierig • Schnell

Pro Person etwa 1600 kJ/ 380 kcal · 18 g Eiweiß 30 g Fett · 2 g Kohlenhydrate

Zubereitungszeit: 30 Minuten

Das Fleisch waschen, abtrocknen und in knapp 2 cm große Würfel schneiden. • Das Öl in einer Pfanne so lange erhitzen, bis es raucht. Die Fleischwürfel unter ständigem Umwenden bei starker Hitze 1½ Minuten von allen Seiten anbraten, ohne daß Fleischsaft austritt. Das Fleisch sofort auf Küchenpapier geben, damit das Fett aufgesaugt wird. • Die Fleischwürfel mit der Rinderbouillon im Elektromixer fein pürieren, in ein Haarsieb geben und mit einem breiten Löffelrücken in einen Topf passieren. • Zwei Drittel der Sahne und den Sherry unter das Püree rühren. • Die restliche Sahne mit dem Eigelb verquirlen. • Die Suppe unter ständigem Umrühren mäßig erhitzen, da bei zu hoher Temperatur der Fleischsaft gerinnen könnte. • Die Eigelb-Sahne-Mischung in die Suppe mischen, diese noch 2 Minuten auf der abgeschalteten Herdplatte erwärmen, aber keinesfalls zu heiß werden lassen. • Die Suppe vom Herd nehmen und mit dem Salz und dem Pfeffer fein abschmecken. In kleinen, vorgewärmten Suppentassen anrichten und mit den Kerbelblättchen bestreuen.

Geflügelbouillon mit Kräuter-Eierstich

Eine besonders leichte und magenfreundliche Vorsuppe

1 Suppenhuhn von etwa 1 kg	
1 Zwiebel · ½ Lorbeerblatt	
1 Gewürznelke	
1 Bund Suppengrün	
1 Teel. Salz	
½ Bund Petersilie	
100 g Champignons	
2 Teel. Butter	
2 Eßl. Schnittlauchröllchen	
Für den Eierstich:	
1 Teel. Öl · 2 Eier	
je 2 Prisen Salz und frisch gemahlener weißer Pfeffer	

Braucht etwas Zeit

Pro Person etwa 870 kJ/ 210 kcal · 25 g Eiweiß 11 g Fett · 3 g Kohlenhydrate

Vorbereitungszeit: 30 Minuten
Garzeit: 1½ Stunden

Das Huhn innen und außen waschen. • Die Zwiebel schälen und das Lorbeerblatt mit der Nelke daraufstecken. • Das Suppengrün putzen und waschen. • Das Huhn von Wasser bedeckt mit den vorbereiteten Zutaten, dem Salz und 1 Zweig Petersilie zum Kochen bringen und in 1½ Stunden bei schwacher Hitze garen. • Die Champignons putzen, blättrig schneiden und in der Butter 3 Minuten braten. • Für den Eierstich zwei Tassen mit dem Öl auspinseln. Die restliche Petersilie fein hacken, mit den Eiern, dem Salz und dem Pfeffer verquirlen, in die Tassen verteilen, diese mit Alufolie verschließen und im heißen Wasserbad in 20 Minuten stocken lassen. • Das Hühnerfleisch auslösen. Die Hälfte davon für die Suppe in Streifen schneiden, die andere Hälfte anderweitig verwenden. • Die Suppe durchseihen und die Champignons darin erwärmen. • Den Eierstich stürzen, in Rauten schneiden und in vorgewärmte Teller verteilen. Die heiße Suppe darüber gießen und mit dem Schnittlauch bestreut servieren.

Krebsconsommé

Eine Spitzenkreation für höchste Ansprüche und festliche Anlässe

- 250 g lebende Krebse
- 2 Zwiebeln
- 2 kleine Möhren
- 2 Stangen Staudensellerie
- 1 Knoblauchzehe
- 2 Tomaten
- 50 g Butter
- ½ Teel. Salz
- ½ Teel. frisch gemahlener weißer Pfeffer
- 1 Lorbeerblatt
- 2½ Eßl. Cognac
- 2½ Eßl. trockener Wermut
- 2½ Eßl. Sherry
- ¼ l Weißwein
- ¾ l Geflügelbouillon
- 150 g Schollenfilets
- 10 Eiswürfel
- 2 Zweige Petersilie
- 2 Eiweiße
- ½ Bund frischer Estragon
- 0,2 l Sahne
- 1 Eigelb
- 1 Prise Cayennepfeffer
- etwas Schnittlauch

Etwas schwierig
Etwas teurer

Pro Person etwa 2400 kJ/
570 kcal · 30 g Eiweiß
35 g Fett · 16 g Kohlenhydrate

Vorbereitungszeit: 1 Stunde
Garzeit: 1¼ Stunden

Die Krebse in reichlich kochendes Wasser werfen, 2 Minuten sprudelnd kochen lassen, aus dem Wasser heben und abkühlen lassen. • Die Zwiebeln schälen. Die Möhren schälen, den Sellerie putzen, beides waschen und alles klein würfeln. Die Knoblauchzehe schälen und fein hakken. Die Tomaten überbrühen, häuten, in Würfel schneiden und die Stielansätze entfernen. • Die Schwänze der Krebse abbrechen und das Fleisch herauslösen. Den Corail (rotes Mark) aus den Körpern nehmen und beides beiseite stellen. Das haselnußgroße, plastikartige Gebilde (Magen) wegwerfen. • Alle Schalen, Körper, Schwänze, Beine und Scheren zwischen zwei Stücke Folie legen und mit einem Nudelholz zerkleinern. • Die Butter in einem Topf aufschäumen lassen, die Krebsschalen, die Hälfte des Gemüses, den Knoblauch und die Tomaten, das Salz, den Pfeffer und das Lorbeerblatt unter Umwenden darin braten, bis alles leicht gebräunt ist. • Den Cognac, den Wermut und den Sherry dazugeben, leicht einkochen lassen, den Wein hinzufügen und ebenfalls einkochen lassen. • Mit der Geflügelbouillon aufgießen, 35 Minuten sacht kochen, dann ohne Hitzezufuhr weitere 30 Minuten ziehen lassen. • Die Consommé erkalten lassen, durchseihen und das Fett entfernen. • Die Schollenfilets hacken und mit den restlichen Gemüsewürfeln, den Eiswürfeln, den Petersilienzweigen und den Eiweißen in einem Topf kräftig verrühren. • Die kalte Krebsconsommé dazugießen und unter ständigem Umrühren rasch aufkochen. Dann bei schwacher Hitze weitere 20 Minuten sehr sacht kochen lassen. • Ein Mulltuch überbrühen, abtropfen lassen und den Estragon darauflegen (2 Zweige Estragon zum Garnieren zurückbehalten). • Die Consommé durch das Tuch seihen und, wenn nötig, noch mit etwas Salz und Pfeffer abschmecken. • Den Backofen auf 250° vorheizen. • Die Sahne halbsteif schlagen und mit dem Corail, dem Eigelb und dem Cayennepfeffer verrühren. • Die Krebsschwänze in vier feuerfeste Tassen verteilen und mit der Consommé auffüllen. Jede Portion mit der halbsteifen Sahne bedecken. • Im Backofen auf der obersten Schiene oder im Elektrogrill gratinieren, bis die Sahne leicht gebräunt ist. • Die Consommé mit Estragon und Schnittlauch garnieren.

Unser Tip: Die Consommé kann auch mit Kaisergranaten (Scampi) zubereitet werden.

Bouillon Mignon

Eine festliche Vorsuppe mit Fischklößchen und Garnelen

1 Scholle · 0,2 l Sahne	
1 Bund Dill · 2 Zwiebeln	
1 Möhre	
2 Stangen Staudensellerie	
50 g Butter	
¼ l Weißwein	
je ½ Teel. frisch zerstoßener weißer Pfeffer und Salz	
¾ l Rinderbouillon	
3 Eiweiße	
1 Scheibe Trüffel	
150 g Garnelen	

Etwas teurer

Pro Person etwa 1900 kJ/ 450 kcal · 31 g Eiweiß 28 g Fett · 12 g Kohlenhydrate

Vorbereitungszeit: 50 Minuten
Garzeit: 1 Stunde

Die Schollenfilets auslösen. Die Gräten zerkleinern. • Die Filets und die Sahne ins Gefrierfach geben. • Die Dillstengel in Stücke, die Dillspitzen kleinschneiden und beiseite stellen. • Das Gemüse klein würfeln. • Die Butter in einem Topf aufschäumen lassen, Gräten, Haut und Kopf der Scholle kräftig darin anbraten. Die Hälfte des Gemüses 3 Minuten mitbraten, mit dem Wein aufgießen, den Pfeffer und wenig Salz hinzufügen und einkochen lassen. • Mit der Bouillon auffüllen und 25 Minuten sacht kochen, dann ohne Hitzezufuhr 15 Minuten ziehen und danach erkalten lassen. • Die Schollenfilets kleinschneiden, leicht salzen, pürieren und 1 Eiweiß untermischen. • Nach und nach die eiskalte Sahne und die Dillspitzen unter das Püree mengen, mit zwei Teelöffeln Klößchen formen und diese bei schwacher Hitze 5 Minuten in Salzwasser ziehen lassen. • Die übrigen Eiweiße und das restliche Gemüse in einem Topf gut verrühren, die Bouillon dazugießen, unter Umrühren aufkochen und bei schwacher Hitze 25 Minuten ziehen lassen. • Aus der Trüffel 4 Quadrate schneiden. • Die Bouillon durch ein gebrühtes Tuch seihen. • Die Garnelen in vier heiße Tassen verteilen, mit der Bouillon auffüllen, die Klößchen einlegen und die Trüffelscheibchen daraufgeben.

Feine Bouillons mit Vollwert-Ergänzungen

Dinkelspätzle und Vollkornravioli geben diesen Suppen würzigen Gehalt

Kalbsbouillon mit Dinkelspätzle

im Bild links

½ vordere Kalbshaxe von 500 g
3 Eßl. Butterschmalz
½ Gemüsezwiebel
1 Möhre
1 dünne Stange Lauch
10 weiße Pfefferkörner
1 Teel. getrocknetes Basilikum
2 Tomaten
1–2 Teel. Meersalz
1 Eßl. Schnittlauchröllchen
Für die Spätzle:
100 g feingemahlener Dinkel
½ Teel. Meersalz · 2 Eier
1 Eßl. Vollkornbrösel

Vollwertrezept

Pro Person etwa 1300 kJ/ 310 kcal · 22 g Eiweiß 15 g Fett · 23 g Kohlenhydrate

Vorbereitungszeit: 40 Minuten
Garzeit: 2 Stunden

Die gewaschene Kalbshaxe in dem Butterschmalz von allen Seiten kräftig anbraten. • Die Zwiebel und die Möhre schälen, den Lauch putzen. Das Gemüse grob zerkleinern und mit der Haxe braten, bis die Zwiebel glasig ist. • 1½ l Wasser, die Pfefferkörner und das Basilikum hinzufügen und alles 2 Stunden sacht kochen lassen. • Für die Spätzle den Dinkel mit dem Salz und den Eiern verrühren und 10 Minuten quellen lassen. • Danach die Vollkornbrösel unter den Teig mischen und nochmals 10 Minuten quellen lassen. • Die Tomaten würfeln. • Die Bouillon durchseihen und erneut zum Kochen bringen. Den Spätzleteig durch eine Spätzlepresse in die sprudelnd kochende Bouillon drücken und in knapp 5 Minuten darin garen. • Die Suppe mit dem Salz abschmecken und mit den Tomatenwürfeln und dem Schnittlauch bestreut servieren.

Bouillon mit Vollkornravioli

im Bild rechts

300 g Weizenvollkornmehl
3 Eier · 2 Eßl. Olivenöl
½ Teel. Salz
1 Prise frisch geriebene Muskatnuß
200 g Mozzarellakäse
200 g abgetropfter Magerquark
3 Eßl. frisch geriebener Parmesankäse
1 Teel. getrockneter Oregano
½ Teel. getrockneter Thymian
1 l Rinderbouillon
einige Basilikumblättchen
Für die Arbeitsfläche: Mehl

Braucht etwas Zeit

Pro Person etwa 2200 kJ/ 520 kcal · 33 g Eiweiß 22 g Fett · 49 g Kohlenhydrate

Vorbereitungszeit: 20 Minuten
Ruhezeit: 1 Stunde
Fertigstellung: 1 Stunde

Das Mehl mit den Eiern, dem Öl, etwas Salz und dem Muskat zu einem Teig verkneten, zu einer Kugel formen und zugedeckt 1 Stunde ruhen lassen. • Den Mozzarellakäse würfeln, mit dem Quark, dem Parmesankäse, dem Oregano und dem Thymian vermischen und kalt stellen. • Den Teig auf einer bemehlten Fläche messerrückendick ausrollen und halbieren. • Auf einer Teigplatte Kreise von 4 cm Durchmesser markieren. Auf jeden Kreis knapp 1 Teelöffel der Füllung setzen, mit der zweiten Teigplatte bedecken, die Kreise mit einem Ausstechförmchen ausstechen. Die Ränder zusammendrücken. • Die Ravioli in sprudelnd kochendes Salzwasser geben und bei schwacher Hitze in 5 Minuten gar ziehen lassen. Die Bouillon erhitzen. • Die Ravioli in Suppenteller verteilen, mit der Bouillon übergießen und mit den Basilikumblättchen bestreuen.

Aparte Suppen mit besonderer Note

Säuerliche Suppen, die äußerst appetitanregend sind

Klare Sauerkrautsuppe

im Bild links

2 kleine Zwiebeln
3 Eßl. Butter
½ l Sauerkrautsaft
½ l Rinderbouillon
½ Teel. Salz
½ Teel. frisch gemahlener weißer Pfeffer
100 g dunkles Bauernbrot in dünnen Scheiben
60 g Sauerampfer

Preiswert • Schnell

Pro Person etwa 590 kJ/ 140 kcal · 4 g Eiweiß
7 g Fett · 15 g Kohlenhydrate

Zubereitungszeit: 30 Minuten

Die Zwiebeln schälen und fein hacken. • 1 Eßlöffel Butter in einem großen Topf erhitzen und die Zwiebelwürfel darin glasig braten. • Den Sauerkrautsaft und die Rinderbouillon zu den Zwiebeln gießen und zum Kochen bringen. • Die Suppe mit dem Salz und dem Pfeffer abschmecken und ohne Hitzezufuhr auf dem Herd heiß halten. • Die Brotscheiben von der Rinde befreien und in gleich kleine Würfel schneiden. • Die restliche Butter in einer Pfanne zerlassen, die Brotwürfel darin knusprig braun braten und in einer heißen Schüssel anrichten. • Den Sauerampfer waschen, trockenschleudern und die groben Stengel abbrechen. Die großen Blätter in Streifen schneiden, die kleinen ganz lassen. • Die Suppe in vorgewärmte Suppenteller verteilen und mit dem Sauerampfer bestreuen. • Die Croûtons erst bei Tisch auf die Suppe geben, damit sie knusprig bleiben.

Zitronensuppe mit Putenfleisch

im Bild rechts

1 Zwiebel
1 Eßl. Butter
300 g Putenschnitzel
1 l Hühnerbouillon
8 Eßl. Schnellkochreis
½ Teel. Salz
¼ Tel. frisch gemahlener weißer Pfeffer
1 Messerspitze frisch geriebene Muskatnuß
3 Eier
Saft von 1 Zitrone
etwa 12 Blättchen Zitronenmelisse

Spezialität aus Griechenland Schnell

Pro Person etwa 1200 kJ/ 290 kcal · 29 g Eiweiß
12 g Fett · 19 g Kohlenhydrate

Zubereitungszeit: 30 Minuten

Die Zwiebel schälen und fein hacken. • Die Butter in einem großen Topf erhitzen und die Zwiebelwürfel darin glasig braten. • Die Putenschnitzel waschen, abtrocknen und in schmale Streifen schneiden. Das Fleisch mit den Zwiebelwürfeln braun braten, mit der Hühnerbouillon aufgießen und zum Kochen bringen. • Den Reis in die Suppe streuen und 5 Minuten bei schwacher Hitze kochen lassen. Mit dem Salz, dem Pfeffer und dem Muskat abschmecken. • Die Eier mit dem Zitronensaft verquirlen. • Die Suppe vom Herd nehmen und die verquirlten Eier untermischen. • Die Zitronenmelisse waschen und trockentupfen. • Die Suppe in vorgewärmte Suppenteller füllen und mit der Zitronenmelisse bestreuen.

Madrider Knoblauchsuppe

Ein Genuß für Liebhaber der feinen Knoblauchküche

- ¾ l schwach gewürzte Rinderbouillon
- 200 g altbackenes Stangenweißbrot
- 4–6 Knoblauchzehen
- 1½ Teel. Salz
- 2 Eßl. Olivenöl
- 1 gehäufter Eßl. Paprikapulver, edelsüß
- 2 Messerspitzen Cayennepfeffer
- 1 Eßl. Essig
- 4 Eier
- 2 Eßl. Schnittlauchröllchen

Schnell • Preiswert

Pro Person etwa 1400 kJ/ 330 kcal · 17 g Eiweiß 17 g Fett · 26 g Kohlenhydrate

Zubereitungszeit: 30 Minuten

Die Bouillon erhitzen. • Das Weißbrot in dünne Scheiben schneiden. • Die Knoblauchzehen schälen, kleinschneiden und mit ½ Teelöffel Salz im Mörser zerdrücken. • Das Öl mit der Knoblauchmasse in einer Pfanne erhitzen, aber nicht bräunen lassen. • Die Brotscheiben in dem Öl von beiden Seiten goldgelb braten, mit dem Paprikapulver und dem Cayennepfeffer bestreuen und vom Herd nehmen. • Etwa 1 l Wasser mit dem übrigen Salz und dem Essig zum Kochen bringen. • Die Eier nacheinander in eine Tasse aufschlagen, in das leicht siedende Wasser gleiten lassen und in 3 bis 4 Minuten stokken lassen; dabei mit einer Gabel das Eiweiß über das Eigelb ziehen. • Die Brotscheiben in eine heiße Terrine legen und mit der Bouillon übergießen. Die pochierten Eier mit einem Schaumlöffel aus dem Wasser heben, auf die Suppe legen und mit dem Schnittlauch bestreuen.

Toskanische Tomatensuppe

Mit vollreifen Fleischtomaten eine Köstlichkeit

- 1 Gemüsezwiebel
- 2 rote Paprikaschoten
- 1 Stange Staudensellerie
- 750 g Fleischtomaten
- 2 Eßl. Olivenöl
- ¾ l Rinderbouillon
- 1 Prise frisch gemahlener schwarzer Pfeffer
- 4 Eier
- 60 g Parmesankäse
- 8 Scheiben Stangenweißbrot

Spezialität aus Italien
Gelingt leicht

Pro Person etwa 1900 kJ/ 450 kcal · 26 g Eiweiß 21 g Fett · 38 g Kohlenhydrate

Zubereitungszeit: 50 Minuten

Die Zwiebel schälen und würfeln. Die Paprikaschoten waschen, trockenreiben, halbieren, von Rippen und Kernen befreien und in dünne Streifen schneiden. • Vom Sellerie die grünen Blättchen abschneiden, waschen und beiseite legen. Die Stangen waschen, putzen und in Scheibchen schneiden. • Die Tomaten überbrühen, häuten und würfeln. • Das Öl in einem Suppentopf erhitzen, die Zwiebelwürfel darin glasig braten. Das übrige Gemüse hinzufügen und bei schwacher Hitze 10 Minuten dünsten. • Die Bouillon erhitzen, über das Gemüse gießen und alles zugedeckt 15 Minuten sacht kochen lassen. Mit dem Pfeffer abschmecken. • Die Eier in eine Schüssel aufschlagen. Den Käse reiben und mit den Eiern verrühren. • Die Brotscheiben von beiden Seiten leicht rösten und in vier Suppenteller verteilen. • Die Suppe vom Herd nehmen, mit der Eier-Käse-Mischung verrühren, über die Brote füllen und mit den Sellerieblättern bestreut servieren.

Suppen für besondere Gelegenheiten

Die kleine Mühe für die ungewöhnlichen Einlagen lohnt sich

Geflügelbouillon mit Käseklößchen

im Bild links

- 1 Suppenhuhn von etwa 1 kg
- 1 dünne Stange Lauch
- 1 Petersilienwurzel · 1 Möhre
- 100 g Knollensellerie
- 2 Zweige Petersilie
- 1 große Zwiebel · 1½ Teel. Salz
- 1 rote Paprikaschote
- etwas Kerbel
- Für die Klößchen:
- 200 g Doppelrahm-Frischkäse
- 2 Eßl. frisch geriebener Parmesankäse
- 1 Ei · 2 Schalotten
- je 1 Messerspitze Salz und frisch gemahlener weißer Pfeffer
- 4 Teel. Speisestärke

Braucht etwas Zeit

Pro Person etwa 1600 kJ/
380 kcal · 25 g Eiweiß
24 g Fett · 15 g Kohlenhydrate

Vorbereitungszeit: 30 Minuten
Garzeit: 1½ Stunden

Das Huhn innen und außen waschen. • Den Lauch putzen, waschen und in Stücke schneiden. • Das Wurzelgemüse putzen und waschen. Die Petersilie waschen. Die Zwiebel schälen und vierteln. • Das vorbereitete Gemüse mit dem Huhn, dem Salz und 2 l Wasser 1½ Stunden bei schwacher Hitze sieden lassen. In den ersten 30 Minuten den Schaum abschöpfen • Für die Klößchen den Frischkäse mit dem Parmesankäse und dem Ei verrühren. • Die Schalotten schälen und hineinreiben. Das Salz, den Pfeffer und die Speisestärke untermischen. • Die Paprikaschote waschen, putzen und in dünne Streifen schneiden. • Das Huhn aus der Bouillon nehmen und anderweitig verwenden. • Die Bouillon durchseihen, entfetten und die Paprikastreifen 2 Minuten darin kochen lassen. • Von der Käsemasse mit zwei nassen Teelöffeln Klößchen abstechen und in der Bouillon einmal aufkochen, dann 3 Minuten bei schwacher Hitze ziehen lassen. • Die Suppe in einer Terrine anrichten und mit dem Kerbel bestreuen.

Kalbsbouillon mit Kräutercrêpes

im Bild rechts

- 75 g Mehl
- 1 kleines Ei
- 1 Eigelb
- 6 Eßl. Sahne
- etwa ¼ l Milch
- je 1 Prise Salz und frisch geriebene Muskatnuß
- 2 Eßl. Schnittlauchröllchen
- 3 Eßl. gehackter Kerbel
- 3 Eßl. Butter
- 1 l feine Kalbsbouillon

Braucht etwas Zeit

Pro Person etwa 1400 kJ/
330 kcal · 12 g Eiweiß
24 g Fett · 19 g Kohlenhydrate

Vorbereitungszeit: 20 Minuten
Ruhezeit: 1 Stunde
Fertigstellung: 30 Minuten

Das Mehl mit dem Ei, dem Eigelb, der Sahne und so viel Milch verrühren, daß ein dünnflüssiger Teig entsteht. Den Teig mit dem Salz und dem Muskat würzen und 1 Stunde zugedeckt quellen lassen. • Die Hälfte der Schnittlauchröllchen und den Kerbel unter den Teig rühren. • Die Butter portionsweise zerlassen, nacheinander kleine Crêpes aus dem Teig braten, diese aufrollen, etwas abkühlen lassen und in Streifen schneiden. • Die Kalbsbouillon erhitzen. • Die Crêpesstreifen in vorgewärmte Suppenteller verteilen, mit der heißen Bouillon übergießen und mit dem Rest der Schnittlauchröllchen bestreut servieren.

Suppen, die mehr versprechen

Leichte Vorsuppen stimmen auf nachfolgende Speisen ein, ohne den Appetit zu nehmen

Berühmte Suppen mit Meeresfrüchten

Diese köstlichen samtigen Suppen können – in kleinen Tassen serviert – ein festliches Menü eröffnen

Billi-Bi-Suppe

im Bild links

1 kg Miesmuscheln
½ l trockener Weißwein
1 Lorbeerblatt
15 weiße Pfefferkörner
1 Zweig frischer Thymian
6 Schalotten
2 Stangen Staudensellerie
50 g Butter · 0,4 l Sahne
2 Eigelbe
½ Teel. Salz
2 Prisen Cayennepfeffer

Berühmtes Rezept

Pro Person etwa 3500 kJ/
830 kcal · 37 g Eiweiß
62 g Fett · 14 g Kohlenhydrate

Zubereitungszeit: 40 Minuten

Die Muscheln unter fließendem Wasser bürsten. Die Byssusfäden abziehen. • Den Wein mit den Gewürzen und dem Thymian in einem großen Topf zum Kochen bringen, die Muscheln hineinschütten und zugedeckt 6 Minuten bei starker Hitze kochen lassen. Einmal mit einem Schaumlöffel umrühren. Die Muscheln in ein Sieb schütten, den Sud auffangen und durch ein Mulltuch seihen. • Nicht geöffnete Muscheln wegwerfen, die anderen aus den Schalen lösen. • Die Schalotten und den Sellerie hacken. • Die Butter in einem Topf zerlassen, das Gemüse darin 5 Minuten braten, bis es hellgelb ist. • Den Muschelfond zum Gemüse gießen und bei schwacher Hitze im offenen Topf 10 Minuten einkochen lassen. • Die Sahne mit den Eigelben verquirlen, den Muschelfond unterrühren. Alles zurück in den Topf schütten und unter ständigem Rühren mit dem Schneebesen mäßig erhitzen. • Die Muscheln in die Suppe geben und darin ohne Hitzezufuhr erwärmen. • Die Suppe mit dem Salz abschmecken, in heißen Tassen anrichten und mit dem Cayennepfeffer bestäuben.

Austerncremesuppe

im Bild rechts

1 kg Miesmuscheln
1 Zwiebel
1 Möhre
1 Stange Staudensellerie
100 g Rundkornreis
50 g Butter
je 1 Prise Salz und frisch gemahlener weißer Pfeffer
12 Austern
125 g Crème fraîche
6 Eßl. Cognac
einige Spritzer Tabascosauce

Etwas teurer

Pro Person etwa 1700 kJ/
400 kcal · 14 g Eiweiß
25 g Fett · 25 g Kohlenhydrate

Vorbereitungszeit: 30 Minuten
Garzeit: 40 Minuten

Die Muscheln unter fließendem Wasser bürsten. Die Byssusfäden abziehen. • ½ l Wasser zum Kochen bringen, die Muscheln zugedeckt 3 Minuten bei starker Hitze darin kochen. Einmal mit dem Schaumlöffel umrühren. • Die Muscheln abtropfen lassen, geschlossene wegwerfen, den Kochsud durch ein Mulltuch seihen. • Das Gemüse schälen, waschen, klein würfeln und mit dem Reis in der Butter unter Umwenden 3 Minuten braten. Mit dem Muschelsud aufgießen, leicht salzen und pfeffern, zugedeckt 30 Minuten sacht kochen lassen und durch ein Haarsieb passieren. • Die Austern öffnen, dabei das Austernwasser auffangen. • Die Muscheln aus den Schalen lösen und mit 8 Austern, dem Austernwasser und dem Muschelsud im Mixer pürieren • Die Austerncreme in den Topf zurückschütten, mit der Crème fraîche verrühren, 1 Minute kochen lassen, mit dem Cognac und der Tabascosauce abschmecken. • Die Suppe mit den übrigen Austern in Suppentassen verteilen.

Soupe de Poissons

Eine exzellente Fischsuppe der feinen französischen Küche

Zutaten für 6 Personen:
Für die Suppe:
1 kg küchenfertige (ausgenommene, geschuppte), frische Seefische wie Kabeljau, Knurrhahn, Seeaal, Merlan, Seewolf
250 g gepalte Garnelen
3 Zwiebeln
1 Stange Lauch
1 Fenchelknolle
4 Knoblauchzehen
3 große Fleischtomaten
6 Eßl. Olivenöl
2 Zweige frischer Thymian
2 Lorbeerblätter
2 Döschen Safran
je 1 Teel. Salz und frisch gemahlener weißer Pfeffer
Für die Sauce Rouille:
1 getrocknete kleine Chilischote
3 Knoblauchzehen
2 Eigelbe
1 Messerspitze Salz
0,1 l Olivenöl

Zum Anrichten:
100 g Stangenweißbrot
50 g frisch geriebener Comté-Käse, ersatzweise Goudakäse

Spezialität aus Frankreich
Etwas teurer

Pro Person etwa 2100 kJ/ 500 kcal · 44 g Eiweiß 27 g Fett · 19 g Kohlenhydrate

Vorbereitungszeit: 50 Minuten
Garzeit: 30 Minuten

Die Fische in Stücke schneiden, kalt waschen und abtropfen lassen. Die Garnelen ebenfalls waschen und abtropfen lassen. • Die Zwiebeln schälen und würfeln. • Den Lauch und den Fenchel waschen, putzen und in Streifen schneiden. • Die Knoblauchzehen ungeschält waagerecht halbieren. • Die Tomaten grob würfeln und dabei die Stielansätze ausschneiden. • Das Öl in einem großen Topf erhitzen und die Zwiebeln darin hellgelb braten. • Die Fischstücke und die Garnelen 1 Minute mitbraten. • Den Lauch, den Fenchel, den Knoblauch, den Thymian, die Lorbeerblätter, den Safran, das Salz und den Pfeffer hinzufügen und alles weitere 5 Minuten unter Umwenden braten. • 2 l kochendes Wasser und die Tomaten zu den Fischen geben und 20 Minuten zugedeckt kräftig kochen lassen. • Die Suppe durch ein grobes Haarsieb passieren; das Gemüse und das Fischfleisch müssen mitpassiert werden, denn sie binden die Suppe und geben Geschmack. • Die Suppe noch einmal abschmecken und heiß halten. • Für die Sauce Rouille die Chilischote und den geschälten Knoblauch fein würfeln. • Die Eigelbe mit dem Salz im Mixer 1 Minute mischen, die Chilischote und den Knoblauch untermixen und dann tropfenweise das Öl hineinträufeln, bis eine cremige Mayonnaise entstanden ist. • Das Brot in etwa 3 mm dünne Scheiben schneiden und im Grill oder im Backofen rösten. • Den Käse, die Suppe, das Röstbrot und die Sauce getrennt anrichten und erst im Teller mischen.

Unser Tip: Ganz originalgetreu wäre die Soupe de Poissons, wenn kleine Seefische aus dem Mittelmeer dafür verwendet würden. Da diese Fische aber bei uns nur selten in größerer Auswahl und sehr teuer angeboten werden, haben wir solche vorgeschlagen, die häufig frisch auf den Markt kommen.

Feine Fischsuppen mit frischen Kräutern

Die Kräuter geben den sahnigen Suppen den besonderen Akzent

Grüne Fischsuppe mit Sahne

im Bild rechts

1,2 kg gemischte Seefische wie Goldbarsch, Kabeljau, Schellfisch
1 Möhre
100 g Knollensellerie
1 Zwiebel · 1 Stange Lauch
1 Lorbeerblatt
1 Teel. weiße Pfefferkörner
½ l trockener Weißwein
3 Eigelbe · ¼ l Sahne
½ Teel. Salz
¼ Teel. frisch gemahlener weißer Pfeffer
1 Messerspitze frisch geriebene Muskatnuß
1 Teel. Zitronensaft
½ Teel. Worcestersauce
je 1 Bund Petersilie und Dill

Gelingt leicht

Pro Person etwa 3100 kJ/ 740 kcal · 43 g Eiweiß
47 g Fett · 14 g Kohlenhydrate

Zubereitungszeit: 1 Stunde

Die Fische waschen. Die Filets auslösen und die Fischabschnitte aufbewahren. • Die Möhre, den Sellerie und die Zwiebel schälen und grob würfeln. Den Lauch putzen, waschen und in dicke Ringe schneiden. • Das Gemüse mit den Fischabschnitten, dem Lorbeerblatt, den Pfefferkörnern, dem Wein und ¾ l Wasser im offenen Topf 20 Minuten kräftig kochen lassen, so daß die Flüssigkeit um etwa ein Viertel einkocht. • Den Sud durchseihen und wieder in den Topf geben. • Die Eigelbe mit der Sahne verquirlen, in die Suppe rühren und diese bis vor den Siedepunkt erhitzen, aber keinesfalls kochen lassen. • Die Fischfilets in etwa 4 cm große Stücke schneiden und in der Suppe 6 Minuten bei äußerst schwacher Hitze ziehen lassen. • Die Suppe mit dem Salz, dem Pfeffer, dem Muskat, dem Zitronensaft und der Worcestersauce abschmecken. • Die Kräuter waschen, trockenschleudern, sehr fein hacken und in die Suppe rühren.

Forellencremesuppe mit Brunnenkresse

im Bild links

600 g geräucherte Forellen
2 Schalotten
1 kleines Bund Brunnenkresse
¼ l Sahne · 1 Prise Salz
¼ Teel. frisch gemahlener weißer Pfeffer
Saft von ½ Zitrone
2 Eigelbe

Gelingt leicht
Braucht etwas Zeit

Pro Person etwa 2200 kJ/ 520 kcal · 39 g Eiweiß
40 g Fett · 3 g Kohlenhydrate

Zubereitungszeit: 1½ Stunden

Die Forellen häuten, die Filets auslösen und beiseite legen. • Die Schalotten schälen und vierteln. • Die Kresse waschen, trockenschleudern, die Blätter abzupfen und einige davon beiseite legen. • Die übrige Kresse mit den Schalotten, den Fischabschnitten und 1¼ l Wasser im offenen Topf 40 Minuten sacht kochen lassen. • Den Sud dann durchseihen. • Die Forellenfilets (einige Stücke abschneiden und zum Anrichten beiseite legen) mit der Sahne im Mixer pürieren, mit dem Sud verrühren und weitere 10 Minuten sacht kochen lassen. • Die Suppe mit dem Salz, dem Pfeffer und dem Zitronensaft dezent abschmecken. • Die Eigelbe verquirlen. Die Suppe vom Herd nehmen und mit den Eigelben legieren. • Die Suppe in Suppentassen oder Tellern anrichten und mit den beiseite gelegten Forellenfilets und den zurückbehaltenen Brunnenkresseblättchen bestreuen.

Würzige Fischsuppen mit Gemüse

Die ungewöhnlichen Zusammensetzungen bringen Abwechslung

Spanische Fischsuppe

im Bild links

- 500 g Fleischtomaten
- 1 Zwiebel · 2 Eßl. Olivenöl
- 3 Knoblauchzehen
- 2 Eßl. Weinbrand
- 1 Döschen Safran
- 1 Teel. Salz
- ½ Teel. frisch gemahlener schwarzer Pfeffer
- 4 Eßl. Semmelbrösel
- 3 kleine Zucchini
- 400 g Seefischfilet
- 150 g geschälte Garnelen
- 200 g Venusmuscheln
- ½ Bund Petersilie

Etwas teurer
Braucht etwas Zeit

Pro Person etwa 1200 kJ/ 290 kcal · 35 g Eiweiß 8 g Fett · 16 g Kohlenhydrate

Zubereitungszeit: 1½ Stunden

Die Tomaten überbrühen, häuten, würfeln und die Stielansätze entfernen. • Die Zwiebel schälen, hacken und in einem Suppentopf in dem Öl glasig braten. • Die Knoblauchzehen schälen und durch eine Presse zu den Zwiebeln drücken. Mit dem Weinbrand ablöschen. • Die Tomatenwürfel, den Safran, das Salz, den Pfeffer und die Semmelbrösel unterrühren, mit 1 l Wasser auffüllen und die Suppe zugedeckt 1 Stunde sacht kochen lassen. • Die Zucchini waschen, abtrocknen, vom Stengelansatz befreien und in dünne Scheiben schneiden. • Die Fischfilets waschen, in etwa 4 cm große Stücke schneiden und mit den Garnelen, den gewaschenen Venusmuscheln und den Zucchinischeiben 5 Minuten bei schwacher Hitze in der Suppe ziehen lassen. • Die Petersilie waschen, trockenschleudern und hacken. • Die Suppe abschmecken, eventuell nachwürzen und mit der Petersilie bestreuen.

Gebundene Fischsuppe

im Bild rechts

- 1 Zwiebel
- 150 g Knollensellerie
- 150 g Möhren
- 2 dünne Stangen Lauch
- 250 g mehligkochende Kartoffeln
- 1 Knoblauchzehe
- 2 Eßl. Butter
- je ½ Teel. Salz und frisch gemahlener weißer Pfeffer
- 3 Teel. Kurkuma
- Saft von 1 kleinen Zitrone
- 4 Eßl. Crème fraîche
- 750 g gemischte Seefischfilets
- 1 Bund Dill
- 1 Teel. Fenchelsamen

Gelingt leicht

Pro Person etwa 1300 kJ/ 310 kcal · 33 g Eiweiß 11 g Fett · 20 g Kohlenhydrate

Zubereitungszeit: 1 Stunde

Die Zwiebel schälen und würfeln. • Den Sellerie und die Möhren schälen, waschen und klein würfeln. • Den Lauch putzen, waschen und in Ringe schneiden. • Die Kartoffeln schälen, waschen und fein hobeln. • Den Knoblauch schälen und hakken. • Die Butter in einem Suppentopf zerlassen, die Zwiebel und den Knoblauch darin glasig braten, das Gemüse dazugeben und 5 Minuten unter Umwenden dünsten. • Die Gewürze, den Zitronensaft und 1 l Wasser hinzufügen und die Suppe zugedeckt 30 Minuten sacht kochen lassen. • Die Suppe im Mixer pürieren, aufkochen lassen und abschmecken. Die Crème fraîche unterrühren. • Die Fischfilets waschen, in etwa 4 cm große Stücke schneiden und 5 Minuten in der Suppe ziehen lassen. • Den Dill waschen, trockenschleudern und die Blättchen abzupfen. Mit den Fenchelsamen auf die Suppe streuen.

Gemüsesuppen mit besonderer Note

Eigenwillige Kombinationen, die köstlich schmecken

Schwedische Spinatsuppe

im Bild links

- 60 g geräucherter Lachs in Scheiben
- 500 g Spinat
- 1 Zwiebel
- 2 Eßl. Butter
- 2 gehäufte Eßl. Mehl
- ½ l Hühnerbouillon
- 2 Eßl. Sahne
- ½ Teel. Salz
- je 1 Prise frisch gemahlener weißer Pfeffer und frisch geriebene Muskatnuß
- 2 hartgekochte Eier

Gelingt leicht • Schnell

Pro Person etwa 990 kJ/ 240 kcal · 14 g Eiweiß 14 g Fett · 13 g Kohlenhydrate

Zubereitungszeit: 30 Minuten

Die Lachsscheiben fest zusammenrollen und in den Kühlschrank legen. • Den Spinat waschen und tropfnaß in einem Topf 5 Minuten bei schwacher Hitze kochen lassen. • Die Zwiebel schälen und fein hacken. • Die Butter in einem Suppentopf zerlassen, die Zwiebelwürfel darin glasig braten, das Mehl darüberstäuben und hellgelb braten. • Die Hälfte der Bouillon unter Rühren dazugießen und aufkochen lassen. • Den Spinat grob zerschneiden, mit der restlichen Bouillon in den Topf geben und zugedeckt 10 Minuten sacht kochen lassen. • Die Sahne unter die Suppe rühren und diese mit dem Salz, dem Pfeffer und dem Muskat abschmecken. • Die Eier schälen und in Scheiben schneiden. Die Lachsrollen ebenfalls in Scheiben schneiden und mit den Eischeiben auf die angerichtete Suppe geben.

Möhrensuppe mit Curry

im Bild rechts

- 2 mittelgroße Zwiebeln
- 1 Knoblauchzehe
- 500 g Möhren
- 1 Apfel
- 1 haselnußgroßes Stück Ingwer
- 4 Eßl. Butter
- 2 Eßl. Mehl
- 1 Eßl. Currypulver
- ¾ l Hühnerbouillon
- ⅛ l Sahne
- 1 Eigelb
- 3 Prisen Salz
- 1 Bund Schnittlauch
- 4 Blättchen Zitronenmelisse

Schnell • Preiswert

Pro Person etwa 990 kJ/ 240 kcal · 14 g Eiweiß 14 g Fett · 13 g Kohlenhydrate

Zubereitungszeit: 30 Minuten

Die Zwiebeln und die Knoblauchzehe schälen und klein würfeln. • Die Möhren schälen, waschen und fein raspeln. • Den Apfel und den Ingwer ebenfalls schälen und raspeln. • Die Butter in einem Suppentopf zerlassen, die Zwiebel- und die Knoblauchwürfel darin hellgelb braten. • Die Möhren-, Apfel- und Ingwerraspel hinzufügen und unter Umwenden 1 Minute mitbraten. • Das Mehl und das Currypulver darüber stäuben, gut untermischen und mit der Bouillon aufgießen. • Die Suppe zugedeckt 10 Minuten sacht kochen lassen. • 3 Eßlöffel Sahne mit dem Eigelb verquirlen. • Die restliche Sahne unter die Suppe rühren und erhitzen. • Die Suppe vom Herd nehmen und das verquirlte Eigelb untermischen. • Die Suppe mit dem Salz abschmecken. • Den Schnittlauch und die Melisse waschen, trockentupfen, kleinschneiden und auf die Suppe streuen.

Suppen aus dem Mittelmeerraum

Broccoli und Zucchini gehören für uns längst zu beliebten Gemüsesorten

Zucchinicremesuppe

im Bild links

- 800 g Zucchini
- 1 große Zwiebel
- 3 Knoblauchzehen
- 2 Eßl. Olivenöl
- ¼ l Hühnerbouillon
- 2 Eßl. Sherry fino
- ⅛ l Sahne · ½ Teel. Salz
- 1 Messerspitze frisch gemahlener weißer Pfeffer
- 1 Prise frisch geriebene Muskatnuß
- 2 Scheiben Toastbrot
- 1 Eßl. Butter
- 2 Eßl. Kürbiskerne

Gelingt leicht • Schnell

Pro Person etwa 1200 kJ/
290 kcal · 7 g Eiweiß
20 g Fett · 16 g Kohlenhydrate

Zubereitungszeit: 30 Minuten

Die Zucchini waschen, abtrocknen, von den Stengelansätzen befreien und würfeln. • Die Zwiebel und die Knoblauchzehen schälen und hacken. • Das Öl in einem Suppentopf erhitzen und die Zucchini-, Zwiebel- und Knoblauchwürfel bei mittlerer Hitze unter Umwenden darin braten, aber nicht bräunen lassen. • Die Hühnerbouillon dazugießen und die Suppe zugedeckt 15 Minuten bei schwacher Hitze sacht kochen lassen. • Die Suppe dann im Mixer pürieren, mit dem Sherry und der Sahne mischen und erneut erhitzen. • Die Suppe mit dem Salz, dem Pfeffer und dem Muskat abschmecken. • Das Toastbrot ohne die Rinde würfeln und in der Butter goldgelb braten. Die Kürbiskerne dazugeben, kurz mitbraten und alles auf die angerichtete Suppe streuen.

Broccolisuppe

im Bild rechts

- 500 g Broccoli
- ¾ l Hühnerbouillon
- ½ Bund Petersilie
- 1 große Zwiebel · 50 g Butter
- 1 gehäufter Eßl. Mehl
- ⅛ l trockener Weißwein
- 1 Eigelb · 5 Eßl. Sahne
- 1 Messerspitze frisch gemahlener weißer Pfeffer · 1 Prise frisch geriebene Muskatnuß
- 1 Knoblauchzehe · ½ Teel. Salz
- 1 altbackenes Brötchen

Gelingt leicht

Pro Person etwa 1500 kJ/
360 kcal · 11 g Eiweiß
23 g Fett · 20 g Kohlenhydrate

Zubereitungszeit: 40 Minuten

Den Broccoli putzen, waschen, in kleine Stücke schneiden und in der Hühnerbouillon in 12 Minuten garen. • Die Petersilie waschen, von den groben Stengeln befreien und mit dem Broccoli kochen lassen. • Einige Broccoliröschen zum Anrichten herausnehmen und heiß halten. • Die Suppe im Mixer pürieren. • Die Zwiebel schälen, fein hacken und in der Hälfte der Butter glasig braten. Das Mehl darüber stäuben und hellgelb braten. • Das Broccolipüree und den Wein nach und nach in die Einbrenne rühren und bei schwacher Hitze 5 Minuten sacht kochen lassen. • Das Eigelb mit der Sahne verquirlen, 4 Eßlöffel heiße Suppe unterrühren, die Suppe mit der Eigelbsahne legieren, danach nicht mehr kochen lassen. • Die Suppe mit dem Pfeffer und dem Muskat abschmecken. • Die Knoblauchzehe schälen und mit dem Salz zerdrücken. • Das Brötchen würfeln. • Die restliche Butter zerlassen, das Brot mit dem Knoblauch goldbraun braten und mit den zurückbehaltenen Röschen auf die Suppe geben.

Würzige Kräutersuppen

Sie ergeben auch eine leichte Zwischenmahlzeit

Schnittlauchsuppe

im Bild links

- 750 g Hühnerklein
- 2 kleine Möhren
- 2 Stangen Lauch
- 150 g Knollensellerie mit Grün
- ½ Bund Petersilie
- 1 Teel. schwarze Pfefferkörner
- 1½ Teel. Salz
- 2 Lorbeerblätter
- 250 g Kartoffeln
- 100 g Schalotten
- 5 Bund Schnittlauch
- 2 Eßl. Butter
- 100 g Crème fraîche
- 1 Messerspitze frisch gemahlener weißer Pfeffer

Braucht etwas Zeit

Pro Person etwa 1600 kJ/
380 kcal · 32 g Eiweiß
16 g Fett · 25 g Kohlenhydrate

Vorbereitungszeit: 30 Minuten
Garzeit: 3 Stunden

Das Hühnerklein waschen. • Das Suppengemüse putzen, waschen und zerschneiden. Einen Teil der Möhren beiseite legen. • Das Selleriegrün und die Petersilie waschen. • Das Gemüse, die Kräuter, die Pfefferkörner, 1 Teelöffel Salz, die Lorbeerblätter, das Hühnerklein und 2 l Wasser zum Kochen bringen. 2½ Stunden im offenen Topf bei schwacher Hitze kochen lassen und den Schaum abschöpfen. • Den Sud durchseihen, kalt werden lassen und entfetten. • Die Kartoffeln und die Schalotten schälen, waschen und würfeln. • Den Schnittlauch in Röllchen schneiden. • Die Butter zerlassen und das Gemüse mit den übrigen Möhrenwürfeln und dem Schnittlauch darin anbraten. • Die Hühnerbouillon dazugießen und zugedeckt 30 Minuten sacht kochen lassen. • Die Suppe im Mixer pürieren, mit der Crème fraîche und dem Pfeffer verrühren, noch einmal abschmecken und erhitzen.

Kerbelsuppe

im Bild rechts

- 1 Zwiebel
- 500 g mehligkochende Kartoffeln
- 50 g Butter
- ½ l Hühnerbouillon
- ½ l Milch
- 200 g Kerbel
- ⅛ l Weißwein
- je ½ Teel. Salz und frisch gemahlener weißer Pfeffer
- 1 Messerspitze frisch geriebene Muskatnuß
- 1 Eigelb
- ⅛ l Sahne

Preiswert • Gelingt leicht

Pro Person etwa 2100 kJ/
500 kcal · 14 g Eiweiß
34 g Fett · 30 g Kohlenhydrate

Zubereitungszeit: 1 Stunde

Die Zwiebel und die Kartoffeln schälen. • Die Zwiebel fein hacken, in der Butter glasig braten und mit der Hühnerbouillon und der Milch zum Kochen bringen. • Die Kartoffeln waschen, in Scheiben schneiden und in etwa 30 Minuten bei schwacher Hitze in der Bouillon garen. • Die Suppe im Mixer pürieren und wieder in den Topf schütten. • Den Kerbel waschen, trockenschleudern und die Blättchen abzupfen. • Die Kerbelblättchen mit dem Wein in die Suppe geben und diese mit dem Salz, dem Pfeffer und dem Muskat abschmecken. • Das Eigelb mit der Sahne verquirlen. Die Suppe vom Herd nehmen und mit der Eigelbsahne legieren; danach nicht mehr kochen lassen.

Brennesselsuppe mit Ei

Der fein-säuerliche Geschmack junger Brennesseln wird für viele eine Entdeckung sein

- 50 g Hirse
- 1 Teel. Meersalz
- 50 g junge Brennesselblätter
- je knapp ⅛ l Milch und Sahne
- 2 Eier
- 1 Messerspitze frisch geriebene Muskatnuß
- 1 Prise frisch gemahlener weißer Pfeffer
- 1 Messerspitze Currypulver
- 2 hartgekochte Eier

Vollwertrezept • Preiswert

Pro Person etwa 1300 kJ/ 310 kcal · 16 g Eiweiß 23 g Fett · 13 g Kohlenhydrate

Zubereitungszeit: 40 Minuten

Die Hirse mit ¾ l Wasser und etwas Salz zum Kochen bringen und bei schwacher Hitze im offenen Topf in 30 Minuten garen. • Die Brennesselblätter gründlich lauwarm waschen und abtropfen lassen. • Die Brennesselblätter mit der Milch, der Sahne und den rohen Eiern im Mixer etwa ½ Minute pürieren. • Das Püree mit der Hirse verrühren und unter Umrühren einmal aufkochen lassen. • Die Suppe mit dem Muskat, dem Pfeffer, dem Currypulver und eventuell noch mit etwas Salz abschmecken. • Die Suppe vom Herd nehmen und abkühlen lassen. • Die Eier schälen und in Achtel schneiden. • Die Suppe in zwei Portionen noch einmal im Mixer pürieren; jede Portion 1 Minute lang. • Die Suppe danach noch einmal erwärmen. • Die Suppe in Suppentassen oder Tellern anrichten und mit den Eiachteln garnieren.

Unser Tip: Brennesseln nur abseits stark befahrener Straßen und auf nicht gedüngten Wiesen pflücken. – Durch das zweimalige Mixen wird der Geschmack intensiver, und die Suppe sieht dadurch auch besonders appetitlich aus.

Raffinierte Kressesuppen

Diese würzigen Suppen gewinnen durch außergewöhnliche Zutaten

Kressesuppe mit Lachs

im Bild links

- 2 Bund Brunnenkresse
- 2 Zwiebeln
- 1 Möhre
- 1 kleine Stange Lauch
- 2 mehligkochende Kartoffeln
- 50 g Butter
- ½ l Geflügelbouillon
- 2 Messerspitzen Salz
- ⅛ l trockener Weißwein
- Saft von ½ Zitrone
- 0,2 l Sahne
- 2 Eigelbe
- 50 g geräucherter Lachs

Gelingt leicht

Pro Person etwa 2400 kJ/
570 kcal · 16 g Eiweiß
44 g Fett · 22 g Kohlenhydrate

Zubereitungszeit: 45 Minuten

Die Kresse gründlich in stehendem Wasser schwenken, damit eventuell vorhandene Schnecken ausgeschwemmt werden, abbrausen, trockenschleudern und 1 Handvoll Blättchen beiseite legen. • Die übrige Kresse zusammen mit den zarten Stengeln hacken. • Die Zwiebeln, die Möhre, den Lauch und die Kartoffeln schälen, waschen und in Scheiben schneiden. • Die Butter zerlassen und das Gemüse außer den Kartoffeln darin 5 Minuten anbraten. • Die Bouillon dazugießen, mit dem Salz abschmecken und die Kartoffeln darin zugedeckt 20 Minuten sacht kochen lassen. • Den Wein mit dem Zitronensaft, der Sahne und den Eigelben verquirlen. • Den Lachs in Streifen schneiden. • Die Suppe im Mixer pürieren oder durch ein Haarsieb streichen. • Die Wein-Sahne-Mischung unter ständigem Rühren darin erhitzen, aber nicht kochen lassen. • Die Suppe mit den Kresseblättchen und den Lachsstreifen anrichten.

Potage au cresson

Püreesuppe mit Kresse

im Bild rechts

- 400 g mehligkochende Kartoffeln
- 2 dünne Stangen Lauch
- 2 Möhren
- 200 g Broccoli
- 1 Teel. Salz
- 1 Kästchen Gartenkresse
- 100 g Crème fraîche

Preiswert

Pro Person etwa 1000 kJ/
240 kcal · 8 g Eiweiß
13 g Fett · 26 g Kohlenhydrate

Vorbereitungszeit: 30 Minuten
Garzeit: 40 Minuten

Die Kartoffeln schälen, waschen und würfeln. • Den Lauch putzen, waschen und in Ringe schneiden. • Die Möhren schälen, waschen und würfeln. • Den Broccoli putzen, waschen und in Stücke zerschneiden. • Das Gemüse von Wasser bedeckt mit dem Salz zum Kochen bringen und zugedeckt 40 Minuten bei schwacher Hitze kochen lassen. • Die Kresse vom Beet schneiden, waschen und in einem Sieb abtropfen lassen. • Das Gemüse im Mixer pürieren oder durch ein Haarsieb streichen, zurück in den Topf geben, mit der Crème fraîche verrühren und noch einmal erhitzen. • Die Suppe in einer Terrine oder in Tellern anrichten und mit der Kresse bestreuen.

Unser Tip: Wenn kein Broccoli angeboten wird, kann man die Suppe auch mit 200 g Kohlrabi oder passierten grünen Bohnenkernen zubereiten.

Grüne Sahnesuppen von milder Würze

Überraschende Kombinationen mit Petersilie und Eichblattsalat

Petersiliensuppe mit Grießklößchen

im Bild links

200 g Petersilienwurzeln
200 g mehligkochende Kartoffeln
1 mittelgroße Zwiebel
3 Bund Petersilie · 2 Eßl. Butter
knapp 1 l Gemüsebouillon
je ¼ Teel. Salz und frisch gemahlener weißer Pfeffer
1 Messerspitze frisch geriebene Muskatnuß
¼ Teel. getrockneter Thymian
knapp ⅛ l Sahne
Für die Klößchen:
1 Eßl. Butter · 1 kleines Ei
4 Eßl. mittelfeiner Grieß
je 1 Prise Salz, frisch gemahlener weißer Pfeffer und frisch geriebene Muskatnuß

Preiswert

Pro Person etwa 1200 kJ/
290 kcal · 8 g Eiweiß
19 g Fett · 20 g Kohlenhydrate

Zubereitungszeit: 1 Stunde

Die Petersilienwurzeln, die Kartoffeln und die Zwiebel schälen, waschen und fein würfeln. • Die Petersilie abbrausen, die Blättchen abzupfen und 2 Eßlöffel beiseite legen. • Das Gemüse mit der übrigen Petersilie in der Butter anbraten, die Bouillon dazugießen und zugedeckt 20 Minuten sacht kochen lassen. • Für die Klößchen die Butter mit dem Ei schaumig rühren. 1 Eßlöffel kaltes Wasser und den Grieß untermischen, mit dem Salz, dem Pfeffer und dem Muskat würzen und 20 Minuten quellen lassen. • Die Suppe im Mixer pürieren. Mit den Gewürzen und dem Thymian abschmecken, mit der Sahne verrühren, erhitzen und heiß halten. • Von der Grießmasse Klößchen abstechen, in siedendem Salzwasser 10 Minuten ziehen lassen, in der Suppe anrichten und mit der übrigen Petersilie bestreuen.

Eichblattsalatsuppe

im Bild rechts

1 Zwiebel
2 Möhren
1 Petersilienwurzel
1 dünne Stange Lauch
1 Kopf Eichblattsalat
2 Eßl. Sojaöl
100 g Crème fraîche
⅛ l trockener Weißwein
¾ l Hühnerbouillon
je ½ Teel. Salz und frisch gemahlener weißer Pfeffer
1 Prise Cayennepfeffer
1 Frühlingszwiebel

Gelingt leicht

Pro Person etwa 950 kJ/
230 kcal · 4 g Eiweiß
16 g Fett · 10 g Kohlenhydrate

Zubereitungszeit: 1 Stunde

Die Zwiebel, die Möhren und die Petersilienwurzel schälen. 1 Möhre beiseite legen. Das geschälte Gemüse würfeln. • Den Lauch putzen, waschen und in Ringe schneiden. • Den Eichblattsalat waschen, in Streifen schneiden und 1 Büschel davon beiseite legen. • Das Sojaöl in einem Suppentopf erhitzen, das vorbereitete Gemüse mit den Salatstreifen 10 Minuten darin dünsten. Die Crème fraîche, den Wein und die Bouillon unterrühren und 20 Minuten zugedeckt sacht kochen lassen. • Die Suppe im Mixer pürieren, erhitzen und mit den Gewürzen abschmecken. • Die Frühlingszwiebel putzen, waschen und in dünne Ringe schneiden. Die übrige Möhre raspeln. • Die Suppe mit den Zwiebelringen, den Möhrenraspeln und den restlichen Salatstreifen anrichten.

Erbsensuppe mit Käsesahne

Mit jungen grünen Erbsen ein herzhaftes Suppen-Vergnügen

1 kg Rinderknochen
1 Teel. Salz
1 Bund Suppengrün
1 Lorbeerblatt
10 weiße Pfefferkörner
450 g gepalte Erbsen (aus etwa
1 kg Schoten)
¼ l Kaffeesahne
(10 % Fettgehalt)
2 Eigelbe
½ Bund Petersilie
100 g Doppelrahm-
Kräuterfrischkäse mit Knoblauch

Gelingt leicht
Braucht etwas Zeit

Pro Person etwa 1300 kJ/
310 kcal · 15 g Eiweiß
20 g Fett · 18 g Kohlenhydrate

Vorbereitungszeit: 30 Minuten
Garzeit: 1 Stunde

Die Rinderknochen waschen, in sprudelnd kochendes Wasser geben und 3 Minuten blanchieren. • Die Knochen in ein Sieb schütten und den Suppentopf waschen, damit keine Knochensplitter darin bleiben. • Die Knochen mit 1½ l Wasser und dem Salz erneut zum Kochen bringen, den entstehenden Schaum abschöpfen. • Das Suppengrün putzen, waschen, grob zerschneiden, mit dem Lorbeerblatt und den Pfefferkörnern zu den Knochen geben und alles im offenen Topf bei schwacher Hitze 1 Stunde kochen lassen. • Die Bouillon dann durchseihen und so lange weiterkochen lassen, bis sie auf ¾ l reduziert ist. • Die Erbsen 15 Minuten zugedeckt in Salzwasser kochen lassen. • Die Hälfte der Erbsen pürieren. Das Püree in die Bouillon rühren. • Die Hälfte der Kaffeesahne mit den Eigelben verquirlen, mit den ganzen Erbsen in die Suppe rühren und diese heiß halten, aber nicht mehr kochen lassen. • Die Petersilie waschen, trockenschleudern und hacken. • Den Frischkäse mit der übrigen Sahne cremig rühren. • Die Suppe in Tellern oder Suppentassen anrichten, in die Mitte jeder Portion ein Häubchen aus Käsesahne setzen und diese mit der Petersilie bestreuen.

Suppen aus Avocados und roten Beten

Beide Gemüsearten sind in vielerlei Variationen für Suppen zu verwenden

Avocadosuppe

im Bild links

- 4 große reife Avocados
- Saft von 1 Zitrone
- ½ Teel. Salz
- ½ Teel. frisch gemahlener weißer Pfeffer
- 1 Prise frisch geriebene Muskatnuß
- 1 Bund Dill
- ¾ l Hühnerbouillon
- 100 g Crème fraîche
- 4 kleine Eier

Gelingt leicht • Schnell

Pro Person etwa 3600 kJ/ 860 kcal · 20 g Eiweiß 85 g Fett · 4 g Kohlenhydrate

Zubereitungszeit: 30 Minuten

Die Avocados halbieren, die Steine herausnehmen. Das Fruchtfleisch aus den Schalen lösen und mit dem Zitronensaft, dem Salz, dem Pfeffer und dem Muskat im Mixer pürieren. • Den Dill waschen, trockenschleudern und die Stengel abtrennen. Die Stengel zerdrücken und in der Bouillon 10 Minuten kochen lassen. • Die Dillspitzen kleinschneiden und zugedeckt beiseite stellen. • Die Dillstengel aus der Bouillon entfernen, das Avocadopüree mit dem Schneebesen unterschlagen und 5 Minuten darin ziehen, aber nicht kochen lassen. • Die Crème fraîche mit den Dillspitzen vermengen. • Die Eier aufschlagen, die Eiweiße abtropfen lassen und anderweitig verwenden. Die Eigelbe in den Schalenhälften in eine mit Salz gefüllte Schüssel setzen, damit die Schalenhälften nicht kippen. • Die Crème fraîche gesondert anrichten. • Die Avocadosuppe in vier Suppentassen verteilen, jeweils ein Eigelb und die Crème fraîche dazu servieren. • Bei Tisch mischt sich jeder seine Suppe mit dem Eigelb und nach Belieben mit der Crème fraîche.

Rote-Bete-Suppe

im Bild rechts

- 750 g kleine rote Beten
- ¾ l Hühnerbouillon
- 1 säuerlicher Apfel
- Saft von 1 Zitrone
- ¼ l saure Sahne
- je 1 Prise Salz, frisch gemahlener schwarzer Pfeffer und Zucker
- 1 Bund Schnittlauch

Gelingt leicht • Preiswert

Pro Person etwa 700 kJ/ 170 kcal · 5 g Eiweiß 7 g Fett · 22 g Kohlenhydrate

Zubereitungszeit: 40 Minuten

Die roten Beten dünn schälen, 1 Knolle beiseite legen, die übrigen würfeln. • Die Betenwürfel in der Bouillon zugedeckt in 20 Minuten garen. • Den Apfel vierteln, vom Kerngehäuse befreien, grob raspeln und mit dem Zitronensaft mischen. • Die restliche rote Bete fein raspeln. • Von der sauren Sahne 4 Eßlöffel abnehmen und beiseite stellen. • Die garen roten Beten im Mixer pürieren, mit der sauren Sahne mischen, erneut erhitzen und die Suppe mit dem Salz, dem Pfeffer und dem Zucker abschmecken. • Den Schnittlauch waschen, trokkenschleudern und in Röllchen schneiden. • Die Suppe mit den Apfel- und den Betenraspeln verrühren, anrichten, die restliche saure Sahne darübergießen und mit dem Schnittlauch bestreut servieren.

Unser Tip: Etwas reichhaltiger wird die Suppe, wenn man statt der sauren Sahne halbsteif geschlagene süße Sahne unterzieht.

Leichte Sommersuppen mit Pilzen und Gemüse

Milch als Suppengrundlage vermittelt gesunde Milde

Schwedische Gemüsesuppe

im Bild links

750 g frisches junges Sommergemüse wie Möhren, Erbsen, Zuckerschoten, Blumenkohl, Rippenmangold, neue Kartoffeln
je ½ l Gemüsebouillon und Vollmilch
½ Teel. Meersalz
1 Prise frisch geriebene Muskatnuß
je ½ Bund Dill, Kerbel und Petersilie

Vollwertrezept • Preiswert

Pro Person etwa 660 kJ/ 160 kcal · 10 g Eiweiß 5 g Fett · 18 g Kohlenhydrate

Zubereitungszeit: 45 Minuten

Das Gemüse schälen oder putzen, waschen und würfeln. • Die Gemüsewürfel mit der Gemüsebouillon und der Milch zugedeckt in 10 bis 15 Minuten garen. • Die Suppe mit dem Salz und dem Muskat abschmecken und heiß halten. • Die Kräuter waschen, trockenschleudern, von den groben Stengeln befreien und fein hacken. • Die Suppe anrichten und mit den gehackten Kräutern bestreut servieren.

Unser Tip: Diese Suppe können Sie je nach Saison auch mit anderen Gemüsearten zubereiten. Grüne Bohnen, Kohlrabi, Zucchini, Spargel, zarte Spinatblätter und Tomaten eignen sich gut für eine Mischung. Im Herbst sollten Sie die Suppe einmal mit jungem Weißkohl, Möhren, kleinen weißen Rübchen und Broccoli probieren.

Champignon-Käse-Suppe

im Bild rechts

250 g Champignons
1 mittelgroße Zwiebel
200 g Sahneschmelzkäse
50 g Edelpilzkäse
3 Eßl. Butter
2 Eßl. Mehl
1 l Milch
1 Prise Cayennepfeffer
1 Prise frisch geriebene Muskatnuß
½ Bund Petersilie

Gelingt leicht • Schnell

Pro Person etwa 1800 kJ/ 430 kcal · 21 g Eiweiß 31 g Fett · 18 g Kohlenhydrate

Zubereitungszeit: 30 Minuten

Die Champignons putzen, waschen, abtropfen lassen und in feine Scheiben schneiden. • Die Zwiebel schälen und klein würfeln. • Den Schmelzkäse und den Edelpilzkäse in kleine Würfel schneiden. • Die Butter in einem Suppentopf erhitzen, die Champignons und die Zwiebel darin hellgelb anbraten, das Mehl unterrühren. Nach und nach mit der Milch aufgießen und die Käsewürfel untermengen. • Die Suppe unter Rühren aufkochen und unter Umrühren noch so lange sacht kochen lassen, bis der Käse geschmolzen ist. • Die Suppe mit dem Cayennepfeffer und dem Muskat abschmecken. • Die Petersilie waschen, trockenschleudern, hacken und auf die Suppe streuen.

Unser Tip: Statt Champignons können Sie auch Egerlinge für die Suppe verwenden. Aber die Egerlinge sollen wirklich knackig frisch sein.

Kürbissuppe im Kürbis serviert

So kann man mit einfachen Mitteln schöne Effekte erzielen

1 Kürbis von etwa 1,5 kg
1 große Zwiebel
1 kleine Fenchelknolle
60 g Butter
1 Teel. Salz
¼ Teel. frisch gemahlener weißer Pfeffer
0,2 l Sahne
eventuell etwas Milch
4 Eßl. Kürbiskerne

Gelingt leicht • Preiswert

Pro Person etwa 1800 kJ/
430 kcal · 8 g Eiweiß
34 g Fett · 21 g Kohlenhydrate

Zubereitungszeit: 1¼ Stunden

Den Backofen auf 50° heizen. • Den Kürbis waschen, abtrocknen und das obere Drittel mit dem Stielansatz als Deckel abschneiden. • Das Fruchtfleisch völlig aus dem Kürbis und dem Deckel lösen, entkernen und in Stücke schneiden. • Vom Kürbis am unteren Ende eine etwa 2 cm dicke Scheibe abschneiden, damit er als Gefäß nicht kippt. Den Kürbis dann ohne den Deckel im Backofen erhitzen. • Die Zwiebel schälen und fein würfeln. Den Fenchel waschen, putzen und in Streifen schneiden. • Die Hälfte der Butter in einem großen Topf zerlassen, die Zwiebelwürfel und die Fenchelstreifen darin hellgelb braten. Das Kürbisfleisch mit ¼ l Wasser, der Hälfte vom Salz und vom Pfeffer dazugeben und bei schwacher Hitze zugedeckt 30 Minuten sacht kochen lassen. • Die Suppe dann durch ein Haarsieb streichen oder im Mixer pürieren, in den Topf zurückgeben und mit der Sahne verrühren. Sollte die Suppe zu dickflüssig sein, mit wenig Milch verdünnen. • Die Suppe kräftig mit dem restlichen Salz und Pfeffer abschmecken. • Die restliche Butter in einer Pfanne zerlassen und die Kürbiskerne darin unter häufigem Umwenden goldbraun braten. • Die Suppe in dem heißen Kürbis anrichten und mit den gebratenen Kernen bestreut servieren.

Gemüsesuppen, mit Getreide gebunden

Einfach und doch ungewöhnlich sind diese Suppen

Blumenkohlsuppe mit Hirse

im Bild links

- ½ Kopf Blumenkohl
- 100 g Hirse
- 2 Teel. gekörnte Gemüsebrühe
- 0,1 l Sahne
- 2 Eigelbe
- 1 Messerspitze frisch geriebene Muskatnuß
- Saft von ½ Zitrone
- etwa 1 Teel. Meersalz
- je ½ Bund Schnittlauch und Zitronenmelisse

Vollwertrezept
Gelingt leicht

Pro Person etwa 1600 kJ/
380 kcal · 14 g Eiweiß
25 g Fett · 22 g Kohlenhydrate

Zubereitungszeit: 45 Minuten

Den Blumenkohl von den Blättern und groben Strünken befreien und in Röschen zerteilen. Die Röschen für 5 Minuten in Salzwasser legen, damit eventuell darin sitzendes Ungeziefer herauskriecht. • Große Röschen vierteln, kleine nur halbieren. • 1 l Wasser mit der Hirse und der gekörnten Brühe 5 Minuten kochen lassen. • Das vorbereitete Gemüse in die Bouillon schütten und zugedeckt in 15 bis 20 Minuten weich kochen. • Die Sahne mit den Eigelben, dem Muskat und dem Zitronensaft verquirlen. • Die Suppe vom Herd nehmen, die Eigelb-Sahne-Mischung unterrühren und die Suppe mit dem Salz abschmecken. Die Kräuter waschen, trockenschleudern und fein zerkleinern. • Die Suppe anrichten und mit den Kräutern bestreuen.

Unser Tip: Auf die gleiche Weise kann man auch eine Broccolisuppe oder eine Zucchinisuppe zubereiten. Allerdings sollen gewürfelte Zucchini höchstens 5 Minuten kochen.

Kohlrabisuppe mit Weizen

im Bild rechts

- 400 g junge Kohlrabi mit Grün
- 1 Eßl. gekörnte Gemüsebrühe
- ¼ l Vollmilch
- 60 g Weizenvollkornmehl
- etwa 1 Teel. Meersalz
- 1 Messerspitze frisch geriebene Muskatnuß
- 2 Eßl. Butter

Vollwertrezept
Gelingt leicht

Pro Person etwa 620 kJ/
150 kcal · 6 g Eiweiß
7 g Fett · 16 g Kohlenhydrate

Zubereitungszeit: 40 Minuten

Die Kohlrabi von den Blättern befreien. Zarte Blätter von den groben Stengeln befreien, waschen und beiseite legen. • Die Kohlrabi schälen und in etwa ½ cm kleine Würfel schneiden. • 1 l Wasser mit der gekörnten Brühe und den Kohlrabiwürfeln zugedeckt bei schwacher Hitze 10 Minuten kochen lassen. • Die Milch mit dem Weizenvollkornmehl glattrühren, unter die leicht kochende Suppe mischen und zugedeckt in weiteren 5 Minuten garen. • Die Kohlrabiblättchen fein hacken. • Die Suppe mit etwas Salz und dem Muskat abschmecken und die Butter unterrühren. • Die Suppe anrichten und mit den Kohlrabiblättchen bestreuen.

Unser Tip: Statt der Kohlrabi kann man die Suppe auch mit jungen weißen Rübchen zubereiten. Da diese aber kein geeignetes Grün mitbringen, die Suppe zuletzt mit Schnittlauchröllchen bestreuen.

Aparte Gemüsesuppen für den Frühling

Nur mit jungem frischem Gemüse kommen diese Suppen voll zur Geltung

Radieschencremesuppe

im Bild links

1 mittelgroße Zwiebel
2–3 Bund Radieschen, je nach Größe
100 g Doppelrahm-Frischkäse
100 g Crème fraîche
2 Eßl. Butter
¾ l Hühnerbouillon
je ½ Teel. Salz und frisch gemahlener weißer Pfeffer
1 Prise Cayennepfeffer
1 Messerspitze frisch geriebene Muskatnuß
Saft von 1 Zitrone

Preiswert • Gelingt leicht

Pro Person etwa 1100 kJ/ 260 kcal · 5 g Eiweiß
24 g Fett · 6 g Kohlenhydrate

Zubereitungszeit: 45 Minuten

Die Zwiebel schälen und fein hacken. • Die Radieschen mit den Blättern sorgfältig waschen. Einige schöne Blätter beiseite legen. • Die Radieschen mit den übrigen Blättern, dem Frischkäse und der Crème fraîche im Mixer pürieren. • Die Butter in einem Suppentopf zerlassen und die Zwiebel darin glasig braten. Das Radieschenpüree und die Hühnerbouillon unterrühren und die Suppe zugedeckt bei schwacher Hitze 20 Minuten sacht kochen lassen. • Die restlichen Radieschenblätter in schmale Streifen schneiden. • Die Suppe mit dem Salz, dem Pfeffer, dem Cayennepfeffer, dem Muskat und dem Zitronensaft würzig abschmecken, anrichten und mit den Radieschenblättern bestreut servieren.

Unser Tip: Die Suppe schmeckt auch kalt sehr gut. An heißen Sommertagen ergibt sie eine angenehme Zwischenmahlzeit.

Spargelcremesuppe mit Garnelen

im Bild rechts

3 Schalotten
500 g grüner Spargel
2 Eßl. Butter
¾ l Gemüsebouillon
⅛ l Sahne
je ¼ Teel. Salz und frisch gemahlener weißer Pfeffer
3 Eßl. trockener Weißwein
1 Messerspitze frisch geriebene Muskatnuß
100 g Garnelen
einige Kerbelblättchen

Etwas teurer

Pro Person etwa 730 kJ/ 170 kcal · 8 g Eiweiß
15 g Fett · 4 g Kohlenhydrate

Zubereitungszeit: 1 Stunde

Die Schalotten schälen und fein hacken. • Den unteren Teil der Spargelstangen dünn schälen, die harten Enden entfernen und die Stangen in etwa 4 cm große Stücke schneiden. • 1 Eßlöffel Butter in einem Suppentopf zerlassen und die Schalottenwürfel darin glasig braten. Die Spargelstücke hinzufügen und unter Umwenden bei schwacher Hitze 10 Minuten mitbraten. • Die Bouillon dazugießen und den Spargel zugedeckt 15 Minuten sacht kochen lassen. • Die Suppe im Mixer pürieren, in den Topf zurückgeben, die Sahne unterrühren und zugedeckt weitere 15 Minuten köcheln lassen. • Die Suppe mit dem Salz, dem Pfeffer, dem Wein und dem Muskat würzen. • Die restliche Butter in einer Pfanne aufschäumen lassen, die Garnelen darin schwenken und erhitzen. • Die Spargelsuppe in vier vorgewärmten Tellern oder Suppentassen anrichten und jede Portion mit Garnelen und Kerbelblättchen garnieren.

Sahnesuppen mit Mais und Paprika

Magenfreundliche Suppen, die auf die Hauptmahlzeit einstimmen

Maiscremesuppe

im Bild links

- 1 Zwiebel · 2 Eßl. Öl
- 400 g Maiskörner, tiefgefroren oder aus der Dose
- ¾ l Rinderbouillon
- ¼ l saure Sahne
- je ½ Teel. Salz und frisch gemahlener schwarzer Pfeffer
- 1 Prise Chilipulver
- 100 g Cabanossi oder andere Räucherwurst
- 1 Bund Schnittlauch

Gelingt leicht • Schnell

Pro Person etwa 1500 kJ/ 360 kcal · 10 g Eiweiß 24 g Fett · 25 g Kohlenhydrate

Zubereitungszeit: 30 Minuten

Die Zwiebel schälen und kleinschneiden. • Das Öl in einem Suppentopf erhitzen und die Zwiebel darin glasig braten. • Die Maiskörner hinzufügen, nur tiefgefrorene kurz mitbraten. Mit der Bouillon aufgießen und den Mais zugedeckt bei schwacher Hitze 10 Minuten leicht kochen lassen. • Den Mais im Mixer pürieren und durch ein Haarsieb streichen, damit die Schalen zurückgehalten werden. Das Püree in den Topf zurückgeben, mit der Hälfte der sauren Sahne verrühren und erhitzen, ohne die Suppe kochen zu lassen, damit die Sahne nicht gerinnt. • Die Suppe mit dem Salz, dem Pfeffer und dem Chilipulver kräftig würzen. • Die Haut der Cabanossi abziehen, die Wurst in dünne Scheiben schneiden und in einer trockenen Pfanne knusprig ausbraten. • Den Schnittlauch waschen, trockenschleudern und in Röllchen schneiden. • Die Suppe in vorgewärmten Tellern anrichten, die Wurstscheiben darauf verteilen, in die Mitte die übrige saure Sahne geben und mit den Schnittlauchröllchen bestreuen.

Paprikacremesuppe

im Bild rechts

- 700 g grüne Paprikaschoten
- 3 Knoblauchzehen
- 3 Schalotten
- 2 Eßl. Butter
- knapp 1 l Rinderbouillon
- 100 g Crème double
- je ½ Teel. Salz und frisch gemahlener weißer Pfeffer
- 1 Prise Chilipulver
- 2 Teel. Balsamico-Essig
- einige Petersilienblättchen

Gelingt leicht • Preiswert

Pro Person etwa 1000 kJ/ 240 kcal · 4 g Eiweiß 21 g Fett · 9 g Kohlenhydrate

Zubereitungszeit: 45 Minuten

Die Paprikaschoten waschen, abtrocknen, vierteln und von Stielansätzen, Rippen und Kernen befreien. 1 Schote beiseite legen. Die restlichen Schoten in Streifen schneiden. • Den Knoblauch schälen. Die Schalotten schälen und fein hacken. • Die Butter in einem Suppentopf zerlassen. Die Schalotten darin glasig braten, den Knoblauch durch die Presse dazudrücken, die Paprikastreifen hinzufügen und 5 Minuten mitbraten. • Die Rinderbouillon zum Gemüse gießen. Alles zugedeckt 20 Minuten sacht kochen lassen. • Die restliche Paprikaschote in ½ cm kleine Würfel schneiden. • Die garen Schoten im Mixer pürieren, zurück in den Topf geben und mit der Crème double verrühren. • Die Suppe mit dem Salz, dem Pfeffer, dem Chilipulver und dem Essig abschmecken und erneut erhitzen. • Die Suppe in vorgewärmten Tellern oder Tassen anrichten und mit den Paprikawürfeln und der Petersilie garnieren. Dazu schmeckt ofenfrisches Brot mit kalter Butter.

Suppen aus zartem Gemüse

Diese Suppen bringen Abwechslung in den Speiseplan

Pilzcremesuppe

im Bild links

- 1 kleine Zwiebel
- 350 g Austernpilze
- 2 Eßl. Butter
- 100 g Crème fraîche
- 5 Eßl. Sherry fino
- ¾ l Hühnerbouillon
- je ¼ Teel. Salz und frisch gemahlener weißer Pfeffer
- 1 Prise Cayennepfeffer
- 1 Teel. rosa Pfefferkörner
- 1 Handvoll Kerbel

Gelingt leicht • Schnell

Pro Person etwa 850 kJ/ 200 kcal · 4 g Eiweiß 16 g Fett · 3 g Kohlenhydrate

Zubereitungszeit: 30 Minuten

Die Zwiebel schälen und klein hacken. • Die Austernpilze von allen harten Stellen befreien, abbrausen, abtropfen lassen und in schmale Streifen schneiden. • Die Butter in einem Suppentopf zerlassen und die Zwiebelwürfel darin glasig braten. • Die Pilze hinzufügen und so lange mitbraten, bis fast die gesamte Flüssigkeit verdampft ist. • Die Crème fraîche und den Sherry unterrühren und alles im Mixer pürieren. • Das Püree wieder in den Topf geben, mit der Hühnerbouillon verrühren und aufkochen lassen. • Die Suppe mit dem Salz, dem Pfeffer und dem Cayennepfeffer würzen und heiß halten. • Die rosa Pfefferkörner zerdrücken. • Den Kerbel waschen, abtropfen lassen und die Stengel entfernen. • Die Suppe anrichten und mit dem rosa Pfeffer und dem Kerbel bestreut servieren.

Unser Tip: Wem der rosa Pfeffer zu intensiv schmeckt, kann statt dessen auch Granatapfelkerne (frisch aus der Frucht) über die Suppe streuen.

Chicoréesuppe mit Erbsen

im Bild rechts

- 2 Frühlingszwiebeln
- 300 g Chicorée
- 2 Eßl. Butter
- 300 g gepalte Erbsen, ersatzweise tiefgefrorene
- ⅛ l trockener Weißwein
- ¾ l Rinderbouillon
- je ¼ Teel. Salz und frisch gemahlener weißer Pfeffer
- Saft von ½ Zitrone
- 100 g gekochter Schinken ohne Fettrand
- 1 Handvoll Kerbel

Gelingt leicht • Schnell

Pro Person etwa 750 kJ/ 180 kcal · 11 g Eiweiß 8 g Fett · 11 g Kohlenhydrate

Zubereitungszeit: 30 Minuten

Die Fühlingszwiebeln putzen, waschen und in schmale Ringe schneiden. • Den Chicorée von den äußeren Blättern befreien, waschen, abtrocknen und am Wurzelende einen kleinen Keil herausschneiden, da sich dort die meisten Bitterstoffe konzentrieren. Die Stauden dann in Streifen schneiden. • Die Butter in einem Suppentopf zerlassen und die Zwiebelringe darin unter Umwenden etwa 2 Minuten braten. • Die Erbsen hinzufügen und mit dem Weißwein ablöschen. Die Bouillon dazugießen und die Suppe zugedeckt bei schwacher Hitze 10 Minuten sacht kochen lassen. • Die Chicoréestreifen in die Suppe geben, mit dem Salz, dem Pfeffer und dem Zitronensaft abschmecken. • Den Schinken in Streifen schneiden. • Den Kerbel waschen, abtropfen lassen und die Stengel entfernen. • Die Suppe anrichten und mit den Schinkenstreifen und dem Kerbel bestreuen.

Selleriecremesuppe

Eine feine Variante der beliebten Vorsuppe

- 500 g Knollensellerie
- 2 Eßl. Butter
- 2 Eßl. Mehl
- ½ l Milch
- 1 Eßl. Zitronensaft
- ½ Teel. Salz
- 1 Messerspitze frisch gemahlener weißer Pfeffer
- 1 Prise Zucker
- 2 Eßl. Walnußkerne
- ⅛ l Sahne

Berühmtes Rezept

Pro Person etwa 1300 kJ/
310 kcal · 8 g Eiweiß
22 g Fett · 17 g Kohlenhydrate

Zubereitungszeit: 45 Minuten

Den Sellerie schälen, waschen und in Würfel schneiden. • Die Selleriewürfel mit ¼ l Wasser zugedeckt bei schwacher Hitze 20 Minuten kochen lassen. • Die Butter in einem Suppentopf zerlassen, das Mehl hineinrühren, aufschäumen lassen, nach und nach mit der Milch aufgießen und 5 Minuten bei schwacher Hitze sacht kochen lassen; dabei öfter umrühren. • Das Kochwasser vom Sellerie durch ein Sieb in die Suppe schütten. • Die Selleriewürfel im Mixer pürieren oder durch ein Haarsieb streichen und ebenfalls in die Suppe geben. • Die Suppe mit dem Zitronensaft, dem Salz, dem Pfeffer und dem Zucker abschmecken. • Die Walnußkerne grob hacken und unter Umwenden in einer trockenen Pfanne 1 Minute rösten. • Die Sahne steif schlagen. • Die Selleriecremesuppe in vorgewärmten Tellern oder Suppentassen anrichten, auf jede Portion eine Schlagsahnehaube setzen und diese mit den Nüssen bestreuen. Nach Belieben die Suppe noch mit feingehackter Petersilie oder mit Selleriegrün garnieren.

Erbsensuppe mit Minze

Frische Pfefferminze und junge Erbsen ergänzen einander hervorragend

- 300 g gepalte Erbsen, ersatzweise tiefgefrorene
- 3 Frühlingszwiebeln
- ½ Kopf grüner Salat
- 50 g Butter
- 2 Stücke Würfelzucker
- 1 unbehandelte Zitrone
- 1 gehäufter Teel. Currypulver
- ¼ Teel. Salz
- 2 Messerspitzen frisch gemahlener weißer Pfeffer
- ½ l Geflügelbouillon
- 100 g Crème fraîche
- 2 Zweige frische Pfefferminze

Gelingt leicht • Schnell

Pro Person etwa 1200 kJ/
290 kcal · 6 g Eiweiß
21 g Fett · 17 g Kohlenhydrate

Zubereitungszeit: 40 Minuten

Die Erbsen waschen und abtropfen lassen. • Die Frühlingszwiebeln putzen, waschen und in Scheibchen schneiden. Den Salat waschen, trockenschleudern und in Streifen schneiden. • Die Butter in einem Suppentopf zerlassen, die Zwiebeln darin hellgelb braten, den Kopfsalat dazugeben und unter Umwenden 3 Minuten darin dünsten. • Die Zuckerwürfel an allen Seiten an der Zitronenschale abreiben, zerdrücken und mit dem Currypulver unter das Gemüse mischen. Die Erbsen, das Salz, den Pfeffer und die Geflügelbouillon hinzufügen und alles 25 Minuten zugedeckt bei schwacher Hitze kochen lassen. • Die Suppe dann mit dem Pürierstab pürieren oder durch ein Haarsieb streichen, mit der Crème fraîche verrühren, abschmecken und noch einmal erhitzen. • Die Pfefferminzblättchen von den Stielen zupfen, waschen, trockentupfen und vor dem Servieren auf die Suppe streuen.

Gemüsesuppen mit neuen Geschmacksnuancen

Die Anregungen für diese Suppen stammen aus beliebten Urlaubsländern

Marokkanische Möhrensuppe

im Bild links

- 500 g Hühnerklein
- 2 Eßl. Keimöl
- 500 g Möhren
- 1 Stange Lauch
- 2 Tomaten
- 1 Eßl. Tomatenmark
- 1 Teel. Speisestärke
- 1 Teel. Currypulver
- je ¼ Teel. Salz und frisch gemahlener schwarzer Pfeffer
- 1 Prise Zucker
- Saft von 1 Zitrone

Spezialität aus Nordafrika

Pro Person etwa 1100 kJ/ 260 kcal · 31 g Eiweiß
8 g Fett · 16 g Kohlenhydrate

Zubereitungszeit: 1¼ Stunden

Das Hühnerklein waschen, abtropfen lassen, mit 1¼ l Wasser und dem Öl zum Kochen bringen und im offenen Topf 45 Minuten schwach kochen lassen. • Die Möhren schälen, waschen und würfeln. • Den Lauch putzen, waschen und in Ringe schneiden. • Die Möhren und den Lauch nach 20 Minuten in die Hühnerbouillon geben und darin mitgaren. • Die Tomaten überbrühen, häuten, in Stücke schneiden und in den letzten 5 Minuten in der Suppe mitgaren. • Das Hühnerklein mit einem Schaumlöffel aus der Bouillon heben, diese etwas abkühlen lassen und im Mixer pürieren. • Die Suppe wieder in dem Topf erhitzen. • Das Tomatenmark mit der Speisestärke und wenig Wasser glattrühren, mit den Gewürzen und dem Zitronensaft unter die Suppe mischen, diese noch einmal aufwallen lassen und heiß halten. • Das Hühnerfleisch von Haut und Knochen befreien und noch kurz in der Suppe erhitzen.

Zucchini-Mais-Suppe

im Bild rechts

Zutaten für 6 Personen:

- 400 g kleine Zucchini
- 100 g mittelalter Goudakäse
- 1 große Zwiebel · 3 Eßl. Butter
- 2 gehäufte Eßl. Mehl
- 1 l Rinderbouillon
- etwa 400 g Maiskörner, aus der Dose oder tiefgefroren
- ⅛ l Sahne · 1 Lorbeerblatt
- je 1 Messerspitze Salz und frisch gemahlener weißer Pfeffer
- frisch geriebene Muskatnuß
- 1 Eßl. Zwetschgenwasser
- je 1 Bund Petersilie und Schnittlauch
- 4 Teel. Crème fraîche

Gelingt leicht • Preiswert

Pro Person etwa 1300 kJ/ 310 kcal · 9 g Eiweiß
19 g Fett · 22 g Kohlenhydrate

Zubereitungszeit: 45 Minuten

Die Zucchini waschen, trokkenreiben und würfeln. • Den Käse reiben. • Die Zwiebel schälen und fein hacken. • Die Butter in einem Suppentopf zerlassen, die Zwiebel darin glasig braten, das Mehl darüber stäuben und hellgelb braten • Die Bouillon nach und nach dazugießen, die Zucchiniwürfel untermischen und zugedeckt 5 Minuten sacht kochen lassen. • Den geriebenen Käse in der Suppe schmelzen lassen. • Die Maiskörner, die Sahne und das Lorbeerblatt in die Suppe geben, diese mit dem Salz, dem Pfeffer, etwas Muskat und dem Zwetschgenwasser abschmekken und zugedeckt weitere 5 Minuten ziehen lassen. • Die Kräuter waschen, trockentupfen und einige Petersilienblättchen beiseite legen. Die übrigen Kräuter kleinschneiden. • Die Suppe anrichten und mit den Kräutern bestreuen. Jede Portion mit 1 Teelöffel Crème fraîche und mit den Petersilienblättchen garnieren.

Überraschende Suppenkreationen

Eigenwillige Erfindungen, die köstlich schmecken

Radicchiosuppe

im Bild links

2 große Möhren
200 g Knollensellerie
1 Stange Lauch
1 Bund Petersilie
1 Petersilienwurzel
1 Teel. Salz
200 g Radicchiosalat
1 Zwiebel
1 Knoblauchzehe
2 Eßl. Butter · 2 Eßl. Mehl
1 Teel. Paprikapulver, edelsüß
3 Teel. Marsalawein
1 Eßl. frisch gehackte Petersilie

Braucht etwas Zeit

Pro Person etwa 560 kJ/
130 kcal · 5 g Eiweiß
5 g Fett · 14 g Kohlenhydrate

Vorbereitungszeit: 20 Minuten
Garzeit: 1 Stunde

Die Möhren und den Sellerie schälen. Den Lauch putzen und in Stücke schneiden. • Die Petersilie, die Petersilienwurzel und das vorbereitete Gemüse waschen, mit dem Salz und 1 l Wasser zum Kochen bringen und 1 Stunde zugedeckt bei schwacher Hitze kochen lassen. • Den Radicchio halbieren, den Strunk entfernen, den Salat in Streifen schneiden und in einem Sieb kalt abbrausen. • Die Zwiebel und den Knoblauch schälen und fein hacken. • Die Gemüsebouillon durchseihen und 3/4 l davon abmessen. • Die Butter zerlassen, die Zwiebel- und die Knoblauchwürfel darin glasig braten, das Mehl unterrühren, das Paprikapulver darüberstäuben und mit der Gemüsebouillon aufgießen. • Die Suppe noch etwa 5 Minuten sacht kochen lassen. • Die Salatstreifen hinzufügen und in weiteren 3 Minuten zugedeckt in der Suppe garen. • Die Suppe mit dem Marsalawein und eventuell etwas Salz abschmecken und mit der Petersilie bestreuen.

Tomatensuppe mit Kürbis

im Bild rechts

750 g Fleischtomaten
1 Teel. getrockneter Thymian
einige Sellerieblätter
1 Zwiebel · 1 Knoblauchzehe
1 Eßl. Olivenöl · 2 Eßl. Butter
1 gehäufter Eßl. Mehl
je 1 Messerspitze Salz und Zucker
1 Teel. gekörnte Hühnerbouillon
1 Spritzer Tabascosauce
200 g süßsauer eingelegter Kürbis · 0,1 l Sahne
½ Teel. grob gemahlener weißer Pfeffer
2 Zweige Basilikum

Gelingt leicht • Preiswert

Pro Person etwa 850 kJ/
220 kcal · 4 g Eiweiß
15 g Fett · 14 g Kohlenhydrate

Zubereitungszeit: 50 Minuten

Die Tomaten achteln und mit ¾ l Wasser, dem Thymian und den Sellerieblättern zugedeckt 25 Minuten bei schwacher Hitze kochen lassen. • Die Zwiebel und den Knoblauch fein hakken. • Die Tomaten durch ein Sieb passieren. • Das Öl und die Butter erhitzen, die Zwiebel und den Knoblauch darin glasig braten, das Mehl unterrühren und hellgelb braten. • Das Tomatenpüree langsam unter die Einbrenne mischen, mit dem Salz, dem Zucker, der gekörnten Bouillon und der Tabascosauce abschmekken. • Die Suppe zugedeckt noch kurz sacht kochen lassen. • Die Kürbiswürfel abtropfen lassen, kleinschneiden und in die Suppe geben. • Die Sahne steif schlagen und mit dem Pfeffer mischen. • Die Basilikumblättchen waschen und trockentupfen. • Die Suppe anrichten und mit der Pfeffersahne und den Basilikumblättchen garnieren.

Suppen aus dem fernen Osten

Scharf und süßsauer wirken appetitanregend

Asiatische Gemüsesuppe

im Bild links

25 g getrocknete Mu-Err-Pilze
40 g Glasnudeln
250 g Möhren
4 Frühlingszwiebeln
2 Eßl. Sesamöl
je 1 Teel. Honig, Currypulver und Speisestärke
¾ l heiße Hühnerbouillon
150 g Mungobohnensprossen
1 Eßl. Sojasauce oder Sherry
je 1 Messerspitze Salz und frisch gemahlener weißer Pfeffer

Spezialität • Preiswert

Pro Person etwa 510 kJ/
120 kcal · 3 g Eiweiß
5 g Fett · 14 g Kohlenhydrate

Zubereitungszeit: 45 Minuten

Die Pilze und die Glasnudeln getrennt voneinander mindestens 10 Minuten in warmem Wasser einweichen; das Wasser der Pilze mehrmals wechseln. • Die Möhren schälen, waschen und in Stifte schneiden. • Die Frühlingszwiebeln putzen und in Ringe schneiden. • Das Öl erhitzen, das vorbereitete Gemüse darin anbraten. Den Honig, den Curry, die abgetropften Pilze und die Speisestärke unterrühren, mit der heißen Hühnerbouillon aufgießen und die Suppe zugedeckt 5 Minuten kochen lassen. • Die Sprossen kalt abbrausen, in die Suppe geben und in weiteren 5 Minuten darin garen. • Die abgetropften Glasnudeln etwas kleinschneiden und 2 Minuten in der Suppe sacht kochen lassen. • Die Suppe mit der Sojasauce, dem Salz und dem Pfeffer abschmecken.

Scharf-saure Suppe

im Bild rechts

20 g getrocknete chinesische Pilze · 500 g Hühnerklein
1 Zwiebel
½ Teel. Salz
10 weiße Pfefferkörner
250 g Schweineschnitzel
200 g Bambussprossen
4 Eier
250 g Sojabohnenkeime
4 Frühlingszwiebeln
2 Eßl. Essig
1 Eßl. Sojasauce
1 Messerspitze Chilipulver

Braucht etwas Zeit

Pro Person etwa 1900 kJ/
450 kcal · 58 g Eiweiß
21 g Fett · 7 g Kohlenhydrate

Zubereitungszeit: 30 Minuten
Garzeit: 1 Stunde

Die Pilze von warmem Wasser bedeckt quellen lassen. • Das Hühnerklein waschen. • Die Zwiebel schälen und mit dem Hühnerklein, dem Salz und den Pfefferkörnern in 1 l Wasser zum Kochen bringen. Den sich bildenden Schaum abschöpfen. Die Bouillon dann zugedeckt 1 Stunde bei schwacher Hitze kochen lassen. • Das Schweinefleisch und die Bambussprossen in Streifen schneiden. • Die Eier verquirlen. Die Bohnenkeime kalt abbrausen. • Die Frühlingszwiebeln putzen, dabei die dunklen Teile entfernen. Die Zwiebeln in Ringe schneiden. • Die Pilze von den Stielen befreien und in Streifen schneiden. • Die Hühnerbouillon durchseihen, erneut zum Kochen bringen und die Pilze mit dem Fleisch 3 Minuten darin sacht kochen lassen. • Die verquirlten Eier unterrühren, stocken lassen, alle anderen Zutaten in der Suppe erhitzen und diese scharf abschmecken.

Suppen-Spezialitäten

In jedem Fall sind sie der besondere Auftakt eines Menüs

Gorgonzolarahmsuppe

im Bild links

1 saftige Birne
⅛ l Sherry fino
2 Zwiebeln
⅓ Stange Staudensellerie
50 g Butter
½ l Geflügelbouillon
125 g Gorgonzolakäse
0,2 l Sahne
je 1 Messerspitze Salz und frisch gemahlener weißer Pfeffer

Schnell • Gelingt leicht

Pro Person etwa 1700 kJ/
400 kcal · 6 g Eiweiß
30 g Fett · 11 g Kohlenhydrate

Zubereitungszeit: 30 Minuten

Die Birne waschen, trockenreiben, vierteln und vom Kerngehäuse befreien. Die Birnenviertel mit dem Sherry übergießen und zugedeckt beiseite stellen. • Die Zwiebeln schälen und hacken. Den Sellerie putzen, waschen und klein würfeln; das Selleriegrün hacken. • Die Butter zerlassen, die Zwiebeln und den Sellerie darin unter Umwenden 5 Minuten braten, mit der Bouillon ablöschen und zugedeckt 25 Minuten sacht kochen lassen. • Den Gorgonzola mit einer Gabel zerdrücken und mit der Sahne verrühren. • Die Suppe durch ein Haarsieb streichen, mit der Käse-Sahne mischen und mit dem Salz und dem Pfeffer abschmecken. Die Birnenviertel mit dem Sherry untermengen und zugedeckt weitere 5 Minuten sacht kochen lassen. • Die Suppe anrichten und mit den Sellerieblättchen garnieren.

Unser Tip: Nach Belieben kann man pro Person auch eine Birnenhälfte servieren.

Crème Bruxelloise

im Bild rechts

400 g Rosenkohl
2 Zwiebeln
50 g Fettränder von gekochtem Schinken
je 2 Messerspitzen Salz und frisch gemahlener schwarzer Pfeffer
1 Prise frisch geriebene Muskatnuß
½ l Rinderbouillon
⅛ l Milch
0,2 l Sahne
1 hartgekochtes Ei

Spezialität aus Belgien
Etwas schwierig

Pro Person etwa 1300 kJ/
310 kcal · 13 g Eiweiß
25 g Fett · 10 g Kohlenhydrate

Zubereitungszeit: 45 Minuten

Den Rosenkohl waschen, von 8 Röschen jeweils die drei äußeren Blätter am Stielende zusammenhängend abschneiden und beiseite legen. Den übrigen Rosenkohl fein hacken. • Die Zwiebeln schälen und würfeln. • Das Schinkenfett ebenfalls würfeln, in einem Topf ausbraten und die Zwiebeln darin glasig braten. • Den gehackten Kohl hinzufügen und unter Umwenden 3 Minuten mitbraten. • Das Salz, den Pfeffer und den Muskat zum Gemüse geben, mit der Bouillon auffüllen und alles im offenen Topf bei schwacher Hitze 20 Minuten kochen lassen. • Die Rosenkohlblüten in Salzwasser 5 Minuten blanchieren und kalt abschrecken. • Die Suppe durch ein Haarsieb streichen, mit der Milch verrühren und aufkochen lassen. • Die Sahne halbsteif schlagen. Die Suppe vom Herd nehmen und die Sahne unterheben. • Das Ei schälen und in Scheiben schneiden. • Die Suppe mit den Eischeiben und Kohlröschen garnieren.

Minestrone Verdura

Eine eigenwillige Variante der bekannten italienischen Gemüsesuppe

Zutaten für 8 Personen:
125 g Borlotti-Bohnen
125 g luftgetrockneter Bauchspeck (Pancetta)
2 Zwiebeln
2 Möhren
200 g Knollensellerie
1 Stange Lauch
150 g grüne Bohnen
300 g Wirsing
2 kleine Zucchini
250 g Kartoffeln
2 Eßl. Tomatenmark
1 Teel. Salz
2 Messerspitzen frisch gemahlener weißer Pfeffer
2 Knoblauchzehen
75 g Rundkornreis
1 Bund gehackte Petersilie
75 g geriebener Parmesankäse

Braucht etwas Zeit
Spezialität aus Italien

Pro Person etwa 900 kJ/
210 kcal · 11 g Eiweiß
9 g Fett · 23 g Kohlenhydrate

Quellzeit: 12 Stunden
Zubereitungszeit: 1½ Stunden

Die Bohnen von Wasser bedeckt 12 Stunden einweichen. • Die Bohnen mit 1½ l Wasser 30 Minuten bei schwacher Hitze kochen lassen. • Den Speck würfeln. • Die Zwiebeln, die Möhren, den Sellerie und den Lauch schälen oder putzen, waschen und in kleine Würfel schneiden. Die grünen Bohnen putzen und zweimal durchbrechen. Den Wirsing, die Zucchini, und die geschälten Kartoffeln grob würfeln. • Den Speck ausbraten, die Zwiebeln, die Möhren, den Lauch und den Sellerie darin 5 Minuten braten, das Tomatenmark untermischen und mit den grünen Bohnen, dem Salz und dem Pfeffer in die Suppe geben. Weitere 30 Minuten kochen lassen. • Den Knoblauch schälen und zerdrücken. • Das restliche Gemüse mit dem Knoblauch und dem Reis dazugeben und weitere 20 Minuten kochen lassen. • Die Suppe mit der Petersilie und dem Parmesankäse bestreuen.

Gemüsesuppen aus der Vollwertküche

Kräftige Suppen von herzhaftem Geschmack

Gemüsesuppe mit Grünkern

im Bild links

- 250 g grüne Bohnen
- 1 Möhre · 400 g Zucchini
- 4 Eßl. Olivenöl
- 50 g Grünkern
- 100 g Nackthafer
- je 1 Messerspitze frisch gemahlener schwarzer Pfeffer, Fenchelsamen, Koriander und Kümmel
- 1¼ l Wasser oder ungesalzene Gemüsebouillon
- 1 Eßl. gekörnte Gemüsebrühe
- je 1 Bund Schnittlauch und Majoran · etwas Meersalz

Vollwertrezept
Braucht etwas Zeit

Pro Person etwa 1100 kJ/ 260 kcal · 9 g Eiweiß 11 g Fett · 34 g Kohlenhydrate

Zubereitungszeit: 1¼ Stunden

Die Bohnen waschen, putzen und in Stücke brechen. • Die Möhre schälen, waschen und würfeln. • Die Zucchini waschen, trockenreiben und grob würfeln. • Das Olivenöl in einem Suppentopf erhitzen und die Getreidekörner darin unter Umwenden 5 Minuten anbraten. • Das vorbereitete Gemüse und die Gewürze zu den Körnern geben und alles unter Umwenden weitere 3 Minuten braten. • Das Wasser oder die Gemüsebouillon und die gekörnte Brühe hinzufügen und 40 Minuten kochen lassen, bis die Getreidekörner weich sind. • Den Schnittlauch und den Majoran waschen und trockenschleudern. Den Schnittlauch in Röllchen schneiden. Den Majoran fein hakken. • Die Suppe vom Herd nehmen, wenn nötig, noch mit Salz abschmecken und mit den Kräutern bestreuen.

Dinkelsuppe mit Spargel

im Bild rechts

- 70 g mittelgrob geschroteter Dinkel
- 50 g Butter
- 1 Teel. Meersalz
- 500 g grüner Spargel
- 1 Möhre
- 100 g gepalte Erbsen
- 1 Handvoll Kerbel
- 1 Messerspitze frisch gemahlener weißer Pfeffer
- 1 Prise frisch geriebene Muskatnuß

Vollwertrezept
Gelingt leicht

Pro Person etwa 780 kJ/ 190 kcal · 6 g Eiweiß 11 g Fett · 17 g Kohlenhydrate

Zubereitungszeit: 50 Minuten

Den Dinkelschrot in einem Suppentopf bei mittlerer Hitze unter Umwenden so lange rösten, bis er beginnt, angenehm zu duften. • Die Butter hinzufügen und schmelzen lassen. 1 l Wasser dazugießen, das Salz einstreuen und den Schrot 5 Minuten kochen lassen. • Den Spargel waschen, die harten Enden abschneiden und die unteren Teile der Spargelstangen dünn schälen. Die Spargelköpfe etwa 4 cm lang lassen, die Stangen in kurze Stücke schneiden. • Die Möhre schälen, waschen und klein würfeln. • Das vorbereitete Gemüse mit den Erbsen in die Suppe geben und darin in etwa 10 Minuten garen. • Den Kerbel waschen, trockenschleudern und hacken. • Die Suppe vom Herd nehmen, mit dem Pfeffer und dem Muskat und eventuell noch mit etwas Salz abschmecken. • Die Suppe anrichten, mit dem Kerbel bestreuen und heiß servieren.

Suppen mit Gemüse und zarten Ergänzungen

Frischer Lachs und Lachsschinken geben diesen Suppen eine festliche Note

Gurkensuppe mit Lachs

im Bild rechts

- 1 Markknochen
- 500 g Kalbsbrust
- 1 Bund Suppengrün
- 2 Frühlingszwiebeln
- 1 ungespritzte Zitrone
- 2 Bund Dill
- ¼ Teel. Salz
- 1 Teel. weiße Pfefferkörner
- 2 Salatgurken
- 50 g Butter
- 0,2 l Sahne
- ¼ Teel. frisch gemahlener weißer Pfeffer
- 250 g frischer Lachs in dünnen Scheiben

Etwas teurer

Pro Person etwa 2000 kJ/ 480 kcal · 25 g Eiweiß 38 g Fett · 7 g Kohlenhydrate

Vorbereitungszeit: 30 Minuten
Garzeit: 2 Stunden

Den Knochen und das Fleisch waschen, in 1½ l Wasser zum Kochen bringen, den Schaum abschöpfen und die Brühe 2 Stunden schwach sieden lassen. • Das Suppengrün und die Frühlingszwiebeln putzen, waschen und grob zerschneiden. • Die Zitrone waschen und in Scheiben schneiden. Den Dill waschen und 1 Bund nach 1 Stunde Garzeit mit den Zitronenscheiben, dem Gemüse, etwas Salz und den Pfefferkörnern in den Kochsud geben. • Die Gurken waschen, schälen, längs halbieren und die Kerne herausschaben. Die Gurken grob raspeln und so lange in der Butter braten, bis die Gurkenflüssigkeit verdampft ist. Die Sahne mit den Gurkenraspeln pürieren. • Die Bouillon durchseihen, ¾ l davon abmessen und mit der Gurken-Sahne erhitzen. • Den übrigen Dill hacken, in die Suppe rühren und diese mit dem Pfeffer und dem restlichen Salz abschmecken. • Den Lachs waschen, trockentupfen, in Streifen schneiden und mit der heißen Suppe übergießen.

Blumenkohlsuppe mit Schinken

im Bild links

- 1 kg Blumenkohl
- ¼ l Milch
- 75 g Lachsschinken in dünnen Scheiben
- 1 Bund gemischte Kräuter
- ⅛ l Sahne
- 1 Teel. Salz
- ½ Teel. frisch gemahlener weißer Pfeffer
- 1 Prise frisch geriebene Muskatnuß

Gelingt leicht • Schnell

Pro Person etwa 1100 kJ/ 260 kcal · 12 g Eiweiß 19 g Fett · 11 g Kohlenhydrate

Zubereitungszeit: 35 Minuten

Vom Blumenkohl die grünen Blätter entfernen und den Kohl 10 Minuten mit dem Kopf nach unten in kaltes Wasser legen, damit eventuell vorhandenes Ungeziefer herausgeschwemmt wird. • Den Kohl in Röschen teilen und mit der Milch und ½ l Wasser 15 Minuten zugedeckt bei schwacher Hitze kochen lassen. • Einige schöne Röschen beiseite legen, den übrigen Blumenkohl mit der Kochflüssigkeit im Mixer pürieren. • Den Schinken in Streifen schneiden. • Die Kräuter waschen, trockenschleudern, von den groben Stielen befreien und fein hacken. • Die Sahne steif schlagen und mit den Kräutern mischen. • Die Blumenkohlsuppe erhitzen, mit dem Salz, dem Pfeffer und dem Muskat abschmecken und die Kräutersahne mit dem Schneebesen darunterziehen. • Die Suppe anrichten und die zurückbehaltenen Blumenkohlröschen daraufgeben.

Suppen, die kräftig schmecken

Gemüsesuppen mit Reis oder Speck angereichert

Gemüsesuppe mit Reis

im Bild links

- 1 l Gemüsebouillon aus gekörnter Brühe
- 70 g Natur-Langkornreis
- 250 g Knollensellerie
- 100 g gepalte Erbsen
- 400 g Tomaten
- 100 g mittelalter Goudakäse
- je 1 Bund Dill und Schnittlauch
- 2 Messerspitzen frisch gemahlener weißer Pfeffer
- eventuell Meersalz

Vollwertrezept • Preiswert

Pro Person etwa 830 kJ/
200 kcal · 11 g Eiweiß
8 g Fett · 22 g Kohlenhydrate

Zubereitungszeit: 1 Stunde

Die Gemüsebouillon mit dem Reis 20 Minuten bei schwacher Hitze kochen lassen. • Den Sellerie schälen, waschen, abtrocknen und in ½ cm dicke Scheiben schneiden. Die Selleriescheiben dann in knapp ½ cm breite Streifen schneiden, in die Suppe geben und 10 Minuten darin kochen lassen. • Die Erbsen in die Suppe geben und alles weitere 10 Minuten kochen lassen. • Die Tomaten mit kochendheißem Wasser überbrühen, die Haut abziehen, die Tomaten würfeln und dabei die grünen Stielansätze ausschneiden. • Den Käse in ½ cm große Würfel schneiden. • Die Kräuter waschen, trockenschleudern und kleinschneiden. • Die Suppe vom Herd nehmen, die Tomatenwürfel und die Hälfte der Kräuter daruntermischen und mit dem Pfeffer und eventuell mit Salz abschmekken. • Die Suppe anrichten und mit den restlichen Kräutern und den Käsewürfeln bestreuen.

Deftige Kohlrabisuppe

im Bild rechts

- 4 mittelgroße Kohlrabiknollen
- 1 große Möhre
- 1 große Zwiebel
- 100 g durchwachsener Speck
- 1 Eßl. Olivenöl
- ¾ l heiße Rinderbouillon
- ½ Teel. Kümmel
- 150 g gepalte Erbsen
- 1 Handvoll Kerbel
- 2 Prisen Salz
- 1 Prise frisch gemahlener schwarzer Pfeffer

Gelingt leicht • Preiswert

Pro Person etwa 1200 kJ/
290 kcal · 10 g Eiweiß
19 g Fett · 18 g Kohlenhydrate

Zubereitungszeit: 1 Stunde

Die Kohlrabiknollen und die Möhre schälen und waschen. Das Kohlrabigrün beiseite legen. Das Gemüse in etwa 1 cm große Würfel schneiden. • Die Zwiebel schälen und klein würfeln. Den Speck ebenfalls klein würfeln. • Das Öl erhitzen, den Speck darin braun ausbraten, aus dem Öl nehmen und beiseite stellen. • Das vorbereitete Gemüse im Fett braten, bis die Zwiebel glasig ist. Die Bouillon dazugießen, den Kümmel hinzufügen und die Suppe zugedeckt bei schwacher Hitze in 15 Minuten garen. • Nach 10 Minuten die Erbsen in die Suppe geben. • Das Kohlrabigrün und den Kerbel waschen, trockenschleudern und kleinschneiden. • Die Suppe mit dem Salz und dem Pfeffer abschmecken und mit den Speckwürfeln, dem Kohlrabigrün und dem Kerbel bestreuen.

Spargelcremesuppe

Am besten schmeckt sie mit frisch gestochenem Spargel

- 1 kg Spargel · Salz
- 1 Prise Zucker
- ½ l Geflügelbouillon
- 2 Hühnerbrustfilets
- 2 Prisen schwarzer Pfeffer
- 1 Zwiebel · 1 Eßl. Keimöl
- 2 Eßl. Butter
- 2 Eßl. Mehl
- ⅛ l trockener Weißwein
- 1 Eigelb · 0,1 l Sahne
- 2 Eßl. frisch gehackter Kerbel

Etwas teurer

Pro Person etwa 1500 kJ/
360 kcal · 26 g Eiweiß
23 g Fett · 11 g Kohlenhydrate

Zubereitungszeit: 1 Stunde

Den Spargel waschen, dünn schälen und die Spargelköpfe etwa 4 cm lang abschneiden. Die Spargelstangen in 1 cm kleine Stücke schneiden. • Die Spargelköpfe von Wasser bedeckt mit 1 Prise Salz und dem Zucker zugedeckt 10 Minuten kochen lassen, durchseihen, beiseite stellen und den Sud auffangen. • Den Spargelsud mit der Geflügelbouillon und den Spargelstückchen zugedeckt 20 Minuten kochen lassen und im Mixer pürieren. • Die Hühnerbrustfilets waschen, abtrocknen und mit dem Pfeffer einreiben. • Die Zwiebel schälen und würfeln. • Das Öl erhitzen, das Fleisch von jeder Seite darin in 2 Minuten goldbraun braten, aus der Pfanne nehmen und salzen. • Die Butter in einem Suppentopf zerlassen, die Zwiebel darin glasig braten, das Mehl unterrühren und hellgelb braten. Die Spargelsuppe und den Wein in die Einbrenne rühren und 5 Minuten sacht kochen lassen. • Die Hühnerfilets in Streifen schneiden und mit den Spargelspitzen in der Suppe erhitzen. • Das Eigelb mit der Sahne verquirlen, die Suppe vom Herd nehmen und mit der Eigelbsahne legieren. • Die Suppe anrichten und mit dem Kerbel bestreuen.

Tomatensuppe mit Käseklößchen

Für diese Suppe sollte man nur vollreife Freilandtomaten verwenden

- 750 g Fleischtomaten
- je ½ Teel. getrockneter Thymian und Rosmarin
- je ½ Teel. Salz und frisch gemahlener schwarzer Pfeffer
- 1 Prise Zucker
- einige Sellerieblättchen
- 1 Zwiebel · 1 Eßl. Olivenöl
- 1 Eßl. Mehl
- 1 Bund Basilikum
- 5 Eßl. Sahne

Für die Klößchen:

- 200 g Doppelrahm-Frischkäse
- 100 g frisch geriebener Parmesankäse
- 1 Ei · 2 Eßl. Mehl
- je 1 Prise Salz und Cayennepfeffer

Gelingt leicht

Pro Person etwa 1800 kJ/
430 kcal · 21 g Eiweiß
32 g Fett · 15 g Kohlenhydrate

Zubereitungszeit: 1 Stunde

Die Tomaten waschen, in Stücke schneiden und mit ¾ l Wasser, den Gewürzen und den Sellerieblättern zugedeckt 20 Minuten kochen lassen. • Für die Klößchen den Frischkäse mit dem Parmesan, dem Ei, dem Mehl, dem Salz und Cayennepfeffer verrühren und in den Kühlschrank stellen. • Die Tomaten durchpassieren. • Die Zwiebel klein würfeln und in dem Öl glasig braten. Das Mehl unterrühren, hellbraun braten, mit dem Tomatenpüree aufgießen und 5 Minuten sacht kochen lassen. • Von der Käsemasse kleine Nokken abstechen und diese 2 Minuten in siedendem Salzwasser ziehen lassen. • Das Basilikum waschen und streifig schneiden. • Die Suppe mit der Sahne verrühren, mit Salz, Pfeffer und Zucker abschmecken, anrichten und das Basilikum darüber streuen. Zum Schluß die Klößchen darauf setzen.

Kartoffelsuppen nach Hausfrauenart

Schmackhaft, preiswert und nicht sehr zeitaufwendig

Kartoffelsuppe mit Croûtons

im Bild links

500 g mehligkochende Kartoffeln
1 Bund Suppengrün
1 Zwiebel
2 Gewürznelken
1 l Rinderbouillon
2 Stangen Lauch · 2 Möhren
300 g Knollensellerie
2 Eßl. Butter
¼ l Sahne
2 Teel. frischer Majoran
je 2 Prisen Salz und frisch gemahlener schwarzer Pfeffer
4 Scheiben Weiß- oder Graubrot

Gelingt leicht

Pro Person etwa 1900 kJ/
450 kcal · 11 g Eiweiß
26 g Fett · 47 g Kohlenhydrate

Zubereitungszeit: 1 Stunde

Die Kartoffeln schälen. Das Suppengrün putzen. Alles waschen und grob würfeln. • Die Zwiebel schälen, mit den Nelken spicken und mit den Kartoffeln und dem Suppengrün in der Bouillon zugedeckt sacht kochen lassen. • Den Lauch, die Möhren und den Sellerie schälen oder putzen, waschen und in Ringe oder Würfel schneiden. • 1 Eßlöffel Butter erhitzen, das Gemüse darin anbraten, die Sahne dazugießen und das Gemüse zugedeckt in 15 Minuten garen. • Die Zwiebel aus der Suppe nehmen, diese pürieren und das Sahne-Gemüse in der Suppe 5 Minuten ziehen lassen. • Die Suppe mit dem Majoran, dem Salz und dem Pfeffer würzen. • Das Brot entrinden, würfeln und in der übrigen Butter goldgelb braten. • Die Suppe anrichten und die Croûtons dazu servieren.

Sellerie-Kartoffel-Suppe

im Bild rechts

500 g Knollensellerie
750 g mehligkochende Kartoffeln
1 große Zwiebel
4 Eßl. Butter
1 l Hühnerbouillon
je 1 Messerspitze Salz und frisch gemahlener weißer Pfeffer
1 Eßl. Zitronensaft
1 Prise Zucker
2 Eßl. Sonnenblumenkerne

Gelingt leicht

Pro Person etwa 1100 kJ/
260 kcal · 7 g Eiweiß
11 g Fett · 30 g Kohlenhydrate

Zubereitungszeit: 45 Minuten

Den Sellerie und die Kartoffeln schälen und waschen. Die Kartoffeln und die Hälfte des Selleries grob raspeln. Den restlichen Sellerie in streichholzdünne Streifen schneiden und beiseite stellen. • Die Zwiebel schälen und würfeln. • 3 Eßlöffel Butter in einem Suppentopf zerlassen, die Zwiebel darin glasig braten und dann das Gemüse 5 Minuten mitbraten. Unter Rühren mit der Bouillon aufgießen. • Die Suppe zugedeckt in 15 Minuten bei schwacher Hitze garen. • Die Suppe mit dem Salz, dem Pfeffer, dem Zitronensaft und dem Zucker abschmecken. • Die Sonnenblumenkerne und die zurückbehaltenen Selleriestreifen in der restlichen Butter braten. • Die Suppe anrichten und mit den Sonnenblumenkernen und dem Sellerie bestreuen.

Kräftige Kartoffelsuppen, raffiniert gewürzt

Suppen, die sich in fast jeder Version großer Beliebtheit erfreuen

Schinken-Kartoffel-Suppe

im Bild links

- 750 g Schinkenknochen
- oder 350 g Schinkenreste
- 500 g mehligkochende Kartoffeln
- 2 Zwiebeln
- 1 Bund Suppengrün
- 350 g Weißkohl
- 40 g Schweineschmalz
- 1 Teel. Paprikapulver, edelsüß
- je 1 Messerspitze Salz und frisch gemahlener schwarzer Pfeffer
- 100 g geräucherter roher Schinken in Scheiben
- 2 Eßl. saure Sahne

Gelingt leicht
Braucht etwas Zeit

Pro Person etwa 2000 kJ/ 480 kcal · 26 g Eiweiß
31 g Fett · 27 g Kohlenhydrate

Vorbereitungszeit: 30 Minuten
Garzeit: 1 Stunde

Den Schinkenknochen oder die Schinkenreste mit 1 l Wasser 30 Minuten bei schwacher Hitze kochen lassen. • Die Kartoffeln schälen, waschen und würfeln. Die Zwiebeln schälen und hacken. • Das Suppengrün putzen, waschen und grob zerkleinern. • Den Kohl putzen und in Streifen schneiden. • Das Schmalz in einem Suppentopf zerlassen, die Kartoffeln darin leicht braun braten, das übrige Gemüse hinzufügen, kurz mitbraten und mit dem Paprikapulver bestreuen. • Die Schinkenbouillon durchseihen, zum Gemüse gießen und zugedeckt 30 Minuten schwach kochen lassen. • Die Hälfte der Suppe danach pürieren, mit der unpürierten Hälfte erneut erhitzen und mit dem Salz und dem Pfeffer abschmecken. • Den Schinken in Streifen schneiden. Die Suppe anrichten, die saure Sahne in die Mitte setzen und die Schinkenstreifen darüber streuen.

Kartoffelcremesuppe mit Kerbel

im Bild rechts

- 750 g mehligkochende Kartoffeln
- 2 Möhren
- 2 Stangen Lauch
- 4 Eßl. Butter
- ¾ l Hühnerbouillon
- ⅛ l Weißwein
- 150 g Kerbel
- 1 Bund Petersilie
- 2 Eigelbe
- ½ Teel. Salz
- 1 Eßl. Zitronensaft
- 1 Messerspitze frisch gemahlener weißer Pfeffer
- 1 Prise Zucker
- ⅛ l Sahne

Gelingt leicht • Preiswert

Pro Person etwa 2400 kJ/ 570 kcal · 18 g Eiweiß
36 g Fett · 43 g Kohlenhydrate

Zubereitungszeit: 1 Stunde

Die Kartoffeln und die Möhren schälen, waschen und würfeln. • Den Lauch putzen, waschen und kleinschneiden. • Die Butter in einem Suppentopf zerlassen, das Gemüse darin hellgelb anbraten, mit der Bouillon und dem Wein auffüllen und die Suppe zugedeckt 20 Minuten bei schwacher Hitze kochen lassen. • Die Kräuter waschen und trockenschleudern. Etwas Kerbel beiseite legen. Die übrigen Kräuter hacken. • Die Suppe pürieren, mit den Kräutern mischen und erneut erhitzen. • Die Eigelbe verquirlen, mit 4 Eßlöffeln Suppe verrühren, die Suppe damit legieren und mit dem Salz, dem Zitronensaft, dem Pfeffer und dem Zucker abschmecken. • Die Sahne halbsteif schlagen, spiralförmig unter die Suppe ziehen und diese mit dem restlichen Kerbel bestreuen.

Köstliche Suppen mit Wintergemüse

Mit ein wenig Fantasie kriegen auch bekannte Suppen etwas mehr Pfiff

Rosenkohlsuppe

im Bild links

1 kleine Zwiebel
150 g mehligkochende Kartoffeln
500 g Rosenkohl · 3 Eßl. Butter
¾ l Hühnerbouillon
⅛ l Sahne · ½ Teel. Salz
½ Teel. frisch gemahlener weißer Pfeffer
¼ Teel. getrockneter Thymian
200 g Hühnerlebern
1 Knoblauchzehe
1 Eßl. Rotwein

Gelingt leicht

Pro Person etwa 1300 kJ/ 310 kcal · 19 g Eiweiß
19 g Fett · 14 g Kohlenhydrate

Zubereitungszeit: 50 Minuten

Die Zwiebel schälen und fein hacken. • Die Kartoffeln schälen, waschen und würfeln. Den Rosenkohl putzen, waschen, vierteln und 100 g davon beiseite legen. • 2 Eßlöffel Butter in einem Suppentopf zerlassen und die Zwiebel darin glasig braten. Die Kartoffeln und den Rosenkohl nacheinander dazugeben und kurz mitbraten. • Die Hühnerbouillon dazugießen und die Suppe zugedeckt 20 Minuten bei schwacher Hitze sacht kochen lassen. • Die Suppe dann pürieren, mit der Sahne verrühren, erneut erhitzen und mit dem Salz, dem Pfeffer und dem Thymian abschmecken. • Den zurückbehaltenen Rosenkohl in kochendem Salzwasser 3 Minuten blanchieren, kalt abschrecken, abtropfen lassen und in der Suppe erwärmen. • Die Hühnerlebern von Fett und Häutchen befreien, vierteln, in der restlichen Butter unter Umwenden 2 Minuten kräftig braten und leicht salzen. • Den Knoblauch schälen, durch die Presse zu den Lebern drücken und untermischen. • Die Suppe mit dem Rotwein verfeinern, anrichten und mit den Hühnerlebern bestreut servieren.

Lauchcremesuppe mit Pumpernickel

im Bild rechts

200 g mehligkochende Kartoffeln
500 g Lauch
2 Eßl. Butter
knapp 1 l Gemüse- oder Rinderbouillon
100 g Crème fraîche
je ¼ Teel. Salz und frisch gemahlener weißer Pfeffer
1 Messerspitze frisch geriebene Muskatnuß
Saft von ½ Zitrone
einige Spritzer Worcestersauce
2 Scheiben Pumpernickel oder dunkles Roggenbrot

Gelingt leicht

Pro Person etwa 1100 kJ/ 260 kcal · 5 g Eiweiß
17 g Fett · 20 g Kohlenhydrate

Zubereitungszeit: 45 Minuten

Die Kartoffeln waschen, schälen und klein würfeln. • Den Lauch putzen, waschen und in Ringe schneiden. • 1 Eßlöffel Butter in einem Suppentopf zerlassen, die Kartoffelwürfel darin anbraten, den Lauch hinzufügen und kurz erhitzen. • Die Bouillon dazugießen und alles zugedeckt bei schwacher Hitze 15 Minuten leicht kochen lassen. • Die Suppe im Mixer pürieren, mit der Crème fraîche verrühren, erneut erhitzen und mit dem Salz, dem Pfeffer, dem Muskat, dem Zitronensaft und der Worcestersauce abschmecken. • Den Pumpernickel zerbröseln, in der restlichen Butter einmal aufschäumen lassen und über die angerichtete Suppe streuen.

Stimulierende Knoblauchsuppe

Sie eignet sich auch hervorragend als mitternächtliche Erfrischung

2 Zwiebeln
6 Knoblauchzehen
250 g Tomaten
75 g Butter
3 Eßl. Mehl
¾ l Gemüsebouillon
⅛ l Sahne
1 Brötchen vom Vortag
je ½ Teel. Salz und frisch gemahlener schwarzer Pfeffer
2 Zweige Petersilie

Gelingt leicht • Preiswert

Pro Person etwa 1500 kJ/ 360 kcal · 5 g Eiweiß 26 g Fett · 24 g Kohlenhydrate

Zubereitungszeit: 45 Minuten

Die Zwiebeln und den Knoblauch schälen. Die Zwiebeln sehr fein würfeln, den Knoblauch durch die Knoblauchpresse drükken. • Die Tomaten am runden Ende kreuzweise einschneiden, mit kochendheißem Wasser überbrühen, etwas abkühlen lassen und häuten. Die Tomaten würfeln und dabei die Stielansätze ausschneiden. • 50 g Butter in einem Suppentopf zerlassen, die Zwiebelwürfel und den Knoblauch bis auf ½ Teelöffel darin glasig braten, das Mehl unterrühren und hellgelb werden lassen. • Nach und nach mit der Gemüsebouillon aufgießen und die Suppe 15 Minuten bei schwacher Hitze zugedeckt kochen lassen. • Nach 10 Minuten die Tomatenwürfel hinzufügen. • Die Sahne halbsteif schlagen. Das Brötchen erst in Scheiben, dann in Würfel schneiden. • Die restliche Butter in einer kleinen Pfanne zerlassen. Die Brotwürfel mit dem übrigen Knoblauch darin goldbraun braten. • Die Sahne mit dem Schneebesen unter die Suppe ziehen. Die Suppe mit dem Salz und dem Pfeffer abschmecken und mit den Croûtons und den Petersilienblättchen bestreut servieren.

Sanfte Suppen als Menübeginn

Soll ein üppiges Menü folgen, die Suppen in kleinen Portionen reichen

Königinsuppe

im Bild links

- 1 kleine Poularde von 1 kg
- je 1 kleine Stange Lauch und Staudensellerie
- 1 Möhre
- 1 Petersilienwurzel
- 1 kleine Zwiebel
- ½ Lorbeerblatt
- 1 Gewürznelke
- einige Sellerieblätter
- 4 weiße Pfefferkörner
- 1½ Teel. Salz
- 300 g Spargelspitzen
- 2 Eßl. Butter
- 2 Eßl. Reismehl
- 2 Eigelbe · ⅛ l Sahne
- 1 Messerspitze frisch gemahlener weißer Pfeffer

Etwas teurer
Berühmtes Rezept

Pro Person etwa 1900 kJ/ 450 kcal · 30 g Eiweiß 31 g Fett · 14 g Kohlenhydrate

Vorbereitungszeit: 30 Minuten
Garzeit: 1 Stunde

Die Poularde waschen und von gut 1 l Wasser bedeckt zum Kochen bringen. • Den Lauch und den Sellerie putzen, waschen und in Stücke schneiden. • Die Möhre und die Petersilienwurzel schälen, waschen und grob zerschneiden. • Die Zwiebel schälen und das Lorbeerblatt mit der Gewürznelke darauf stekken. • Das vorbereitete Gemüse mit der Zwiebel, den Sellerieblättern, den Pfefferkörnern und 1 Teelöffel Salz zur Poularde geben. • Den Schaum abschöpfen und die Poularde dann bis auf einen Spaltbreit zugedeckt 1 Stunde leicht kochen lassen. • Die Spargelspitzen waschen. Etwa 1 l Wasser mit dem übrigen Salz zum Kochen bringen und den Spargel darin zugedeckt bei schwacher Hitze 15 Minuten sacht kochen lassen. • Die Geflügelbouillon durchseihen, ½ l davon abnehmen, den Rest anderweitig verwenden. • Die Poularde häuten, die Brustfilets auslösen und klein würfeln. • Die Spargelspitzen in einem Sieb abtropfen lassen. • Die Butter im Suppentopf zerlassen, das Reismehl darin hellgelb anbraten, nach und nach mit der Bouillon auffüllen und 5 Minuten sacht kochen lassen. • Die Spargelspitzen und die Poulardenwürfel in der Suppe erhitzen. • Die Eigelbe mit der Sahne verquirlen, 5 Eßlöffel Suppe unterrühren, die Suppe vom Herd nehmen und mit der Eigelbsahne legieren. • Die Suppe anrichten und mit dem Pfeffer übermahlen.

Türkische Reissuppe

im Bild rechts

- 1 l Rinderbouillon
- 50 g Langkornreis
- ⅛ l Milch
- 150 g Vollmilchjoghurt
- 2 Eigelbe
- je 1 Messerspitze Salz und frisch gemahlener weißer Pfeffer
- 1 Eßl. frisch gehackte Pfefferminzblättchen

Spezialität • Schnell

Pro Person etwa 1100 kJ/ 260 kcal · 12 g Eiweiß 19 g Fett · 13 g Kohlenhydrate

Zubereitungszeit: 30 Minuten

Die Bouillon zum Kochen bringen. • Den Reis in einem Sieb kalt abbrausen, abtropfen lassen und in der Bouillon in 20 Minuten bei schwacher Hitze garen. • Die Milch mit dem Joghurt und den Eigelben verquirlen. Diese Mischung unter ständigem Umrühren mit dem Schneebesen langsam in die Suppe geben. Die Suppe mit dem Salz und dem Pfeffer abschmecken und mit der Pfefferminze bestreut servieren.

Berühmte Weinsuppen

Diese Suppen passen zu jedem festlichen Menü

Rieslingsuppe mit Kerbel

im Bild links

1 Zwiebel
3 Eßl. Butter
½ l Hühnerbouillon
½ l trockener Weißwein (Riesling)
1 Eßl. Mehl
¼ l Sahne
2 Eigelbe
je ½ Teel. Salz und frisch gemahlener weißer Pfeffer
2 Scheiben Toastbrot
2 Eßl. frisch gehackter Kerbel

Etwas teurer
Spezialität aus Österreich

Pro Person etwa 2400 kJ/ 570 kcal · 11 g Eiweiß
42 g Fett · 16 g Kohlenhydrate

Zubereitungszeit: 1 Stunde

Die Zwiebel schälen und sehr fein würfeln. • 1 Eßlöffel Butter in einem Suppentopf zerlassen und die Zwiebelwürfel darin glasig braten. • Nach und nach mit der Bouillon und mit dem Wein aufgießen und die Flüssigkeit bis auf einen Spaltbreit zugedeckt um fast die Hälfte einkochen lassen. • 1 Eßlöffel Butter mit dem Mehl verkneten. Das Mehlklößchen mit dem Schneebesen unter die Suppe schlagen, bis es sich aufgelöst hat, und die Suppe noch 5 Minuten sacht kochen lassen. • Die Sahne unter die Suppe rühren und einmal aufkochen lassen. • Die Eigelbe verquirlen. Die Suppe vom Herd nehmen, mit dem Eigelb legieren und mit dem Salz und dem Pfeffer abschmecken. • Die Brotscheiben würfeln und in der restlichen Butter goldgelb braten. • Die Suppe anrichten, den Kerbel darübergeben und erst bei Tisch mit den Croûtons bestreuen.

Kremser Weinsuppe

im Bild rechts

Zutaten für 6 Personen:
4 Schalotten
½ l trockener Weißwein (Kremser Riesling)
½ l kräftige Kalbsbouillon
1 Zimtstange
3 Gewürznelken
0,4 l Sahne
je ½ Teel. Salz, Zucker und frisch gemahlener weißer Pfeffer
1 Prise Kardamom
eventuell Zimtpulver

Etwas teurer
Spezialität aus Österreich

Pro Person etwa 1200 kJ/ 290 kcal · 2 g Eiweiß
21 g Fett · 6 g Kohlenhydrate

Zubereitungszeit: 50 Minuten

Die Schalotten schälen, vierteln und mit dem Wein, der Bouillon, der zerbröckelten Zimtstange und den Nelken zum Kochen bringen. • Die Suppe zugedeckt bei schwacher Hitze 30 Minuten kochen lassen. • Die Sahne steif schlagen. • Die Suppe durchseihen und die Schlagsahne mit dem Schneebesen langsam unterziehen. • Die Weinsuppe mit dem Salz, dem Zucker, dem Pfeffer und dem Kardamom abschmecken und sofort heiß servieren. • Nach Belieben die Suppe noch hauchfein mit Zimtpulver bestäuben.

Suppen zum Auslöffeln

Jede eine köstliche Hauptmahlzeit,
der selbst ein Suppenkaspar
nicht widerstehen wird

Bananen-Hühner-Suppe

Ein Zwischengericht mit exotischem Flair

1 kleine Poularde von 1 kg
1½ Teel. Salz
8 Pimentkörner
4 Gewürznelken
1 Bund Suppengrün
100 g Langkornreis
2 weiche und 1 feste Bananen
1 Eßl. Currypulver
2 Prisen Ingwerpulver
3 Eßl. Butter
4 Eßl. Mehl
2 Eßl. Mandelblättchen
4 Eßl. Sahne

Braucht etwas Zeit

Pro Person etwa 2500 kJ/ 600 kcal · 30 g Eiweiß 30 g Fett · 55 g Kohlenhydrate

Vorbereitungszeit: 30 Minuten
Garzeit: 1½ Stunden

Die Poularde waschen, mit 1½ l Wasser, 1 Teelöffel Salz, den Pimentkörnern und den Gewürznelken 30 Minuten sacht kochen lassen; dabei den Schaum öfter abschöpfen. • Das Suppengrün waschen, putzen, grob zerschneiden und in die Bouillon geben. • Die Suppe zugedeckt weitere 45 Minuten kochen lassen. • 1 l Wasser mit dem restlichen Salz zum Kochen bringen. Den Reis abbrausen, ins kochende Wasser schütten, bei schwacher Hitze in 20 Minuten ausquellen und dann abtropfen lassen. • Die Poularde abkühlen lassen, von Haut und Knochen befreien und in kleinere Stücke schneiden. • Die Bouillon durchseihen. • Die weichen Bananen zerdrücken und mit dem Curry und dem Ingwerpulver verrühren. • Die Butter zerlassen, das Mehl darin goldgelb braten, mit dem Bananenpüree mischen und mit der Bouillon aufgießen. • Die Suppe 10 Minuten kochen lassen. Das Fleisch und den Reis darin erhitzen. • Die Mandelblättchen in einer trockenen Pfanne hellgelb rösten. Die Sahne steif schlagen. • Die Suppe mit Scheiben der festen Banane anrichten, mit der Schlagsahne krönen und diese mit den Mandelblättchen bestreuen.

Gemüse-Lamm-Suppe

Mit Okraschoten eine seltene Kombination

500 g mageres Lammfleisch ohne Knochen
2 Zwiebeln
4 Eßl. Öl
¾ l Rinderbouillon
500 g Auberginen
250 g Zucchini
je 250 g Okraschoten und grüne Bohnen, ersatzweise nur Bohnen
500 g Kartoffeln
250 g milde Pfefferschoten
500 g Tomaten · ½ Teel. Salz
¼ Teel. frisch gemahlener weißer Pfeffer

Gelingt leicht
Braucht etwas Zeit

Pro Person etwa 1700 kJ/ 400 kcal · 36 g Eiweiß 10 g Fett · 41 g Kohlenhydrate

Vorbereitungszeit: 30 Minuten
Garzeit: 1¼ Stunden

Das Fleisch waschen, abtrocknen und würfeln. Die Zwiebeln schälen und würfeln. • Das Öl in einem Suppentopf erhitzen, die Fleischwürfel darin kräftig anbraten, zuletzt die Zwiebeln kurz mitbraten. • ⅛ l Bouillon zum Fleisch gießen und zugedeckt 45 Minuten schmoren lassen. • Das Gemüse waschen und putzen; von den Okraschoten die Stiele abschneiden. Die Auberginen und die Zucchini in Scheiben, die Bohnen in Stücke schneiden. • Die Kartoffeln schälen, waschen und würfeln. Die Pfefferschoten halbieren, von den Kernen befreien und waschen. Die Tomaten häuten und vierteln. • Die restliche Bouillon mit dem Gemüse, dem Salz und dem Pfeffer zum Fleisch geben und bei schwacher Hitze in weiteren 30 Minuten garen. • Die Suppe vor dem Anrichten eventuell noch einmal abschmecken.

Russische Sauerkrautsuppe

Diese kräftige Suppe ist für eine größere Tafelrunde geeignet

Zutaten für 8 Personen:
750 g Hochrippe vom Rind
1 Teel. Salz · 4 Zwiebeln
1 Bund Suppengrün
1 Lorbeerblatt · 2 Eßl. Butter
1 Knoblauchzehe
1 kg Sauerkraut
1 Eßl. Paprikapulver, edelsüß
1 kg Tomaten
2 grüne Paprikaschoten
400 g geräucherte Würstchen
½ Teel. Zucker
je 1 Prise Cayennepfeffer und frisch gemahlener schwarzer Pfeffer
150 g saure Sahne
4 Eßl. gehackte Petersilie

Gelingt leicht
Braucht etwas Zeit

Pro Person etwa 2000 kJ/ 480 kcal · 30 g Eiweiß 33 g Fett · 13 g Kohlenhydrate

Vorbereitungszeit: 40 Minuten
Garzeit: 2 Stunden

Das Fleisch waschen und in 2 l Salzwasser zum Kochen bringen. • Die Zwiebeln schälen. Das Suppengrün waschen, kleinschneiden, mit 1 Zwiebel und dem Lorbeerblatt in die Bouillon geben und diese zugedeckt 1½ Stunden kochen lassen. • Die übrigen Zwiebeln würfeln. • Die Butter zerlassen, die Zwiebeln darin anbraten. Den Knoblauch dazudrücken, mit dem Sauerkraut und dem Paprikapulver mischen. • Die Tomaten häuten und zerschneiden. Die Paprikaschoten waschen, putzen, würfeln und mit den Tomaten unter das Kraut mischen. • Die Bouillon durchseihen, zum Kraut gießen und alles zugedeckt weitere 25 Minuten leicht kochen lassen. • Das Fleisch würfeln. Die Würste in Scheiben schneiden. Beides in die Suppe geben. • Die Suppe mit dem Zucker, dem Cayennepfeffer und dem Pfeffer abschmecken. Mit der sauren Sahne und der Petersilie servieren.

Getreidesuppen in aparten Varianten

Durch Soja und Frischkäse mit wertvollem Eiweiß angereichert

Reissuppe mit Sojaklößchen

im Bild links

Für die Klößchen:
50 g puderfeines Vollsojamehl
2 Eßl. Sojasauce
je 1 Prise frisch gemahlener Koriander und schwarzer Pfeffer
1 Eßl. gehackte Petersilie
1 großes Ei

Für die Suppe:
1¼ l ungesalzene Gemüsebouillon
1 Eßl. gekörnte Gemüsebrühe
50 g Naturreis
1 Zwiebel
200 g Egerlinge
1 Möhre
2 Eßl. Butter
etwa 1 Messerspitze frisch gemahlener weißer Pfeffer
2 Eßl. feingehackte Petersilie

Vollwertrezept
Etwas schwierig

Pro Person etwa 890 kJ/
210 kcal · 11 g Eiweiß
12 g Fett · 16 g Kohlenhydrate

Zubereitungszeit: 50 Minuten

Das Sojamehl mit der Sojasauce, den Gewürzen, der Petersilie und dem Ei verrühren und zugedeckt 20 Minuten quellen lassen. • Die Gemüsebouillon mit der gekörnten Brühe und dem Reis 20 Minuten sacht kochen lassen. • Die Zwiebel schälen und fein würfeln. • Die Egerlinge waschen, putzen und blättrig schneiden. • Die Möhre schälen, waschen und fein würfeln. • Die Butter zerlassen, die Zwiebel darin glasig braten, die Pilze und die Möhre hinzufügen, etwas Pfeffer darübermahlen und alles unter Umwenden 5 Minuten braten. • Aus der Sojamasse mit zwei Teelöffeln Klößchen abstechen und nach 20 Minuten Kochzeit in der Suppe in 20 Minuten gar ziehen lassen. • Das gebratene Gemüse während der letzten 5 Minuten in der Suppe mitgaren. • Die Suppe vom Herd nehmen, mit Pfeffer abschmecken und mit der Petersilie bestreut servieren.

Buchweizen-Käse-Suppe

im Bild rechts

1 Bund Suppengrün
1 l ungesalzene Gemüsebouillon
100 g Buchweizenkörner
1 Eßl. gekörnte Gemüsebrühe
150 g gepalte Erbsen
200 g Doppelrahm-Frischkäse
2–4 Eßl. Edelhefeflocken
1–2 Messerspitzen frisch gemahlener weißer Pfeffer
2 Eßl. feingehackter Dill

Vollwertrezept • Schnell

Pro Person etwa 1300 kJ/
310 kcal · 15 g Eiweiß
17 g Fett · 25 g Kohlenhydrate

Zubereitungszeit: 30 Minuten

Das Suppengrün putzen, waschen, fein würfeln und mit der Gemüsebouillon, dem Buchweizen und der gekörnten Brühe 5 Minuten kochen lassen. • Die Erbsen in die Suppe geben und alles in weiteren 10 Minuten garen. • Den Topf vom Herd nehmen und den Käse in Flöckchen unter die Suppe mischen. Die Suppe etwa 5 Minuten zugedeckt stehenlassen, bis sich der Käse leicht mit der Suppe verrühren läßt. • Die Suppe, wenn nötig, noch mit etwas gekörnter Brühe, den Hefeflocken und dem Pfeffer abschmecken und mit dem Dill bestreut servieren.

Unser Tip: Statt Doppelrahm-Frischkäse kann man auch Speisequark für die Suppe verwenden. Sie wird nicht ganz so sahnig, ist aber kalorienärmer.

Paprika-Mais-Suppe

Die dreifarbige Suppe schmeckt so gut, wie sie aussieht

- je 1 gelbe, grüne und rote Paprikaschote
- 25 g Kokosfett
- ¾ l Gemüsebouillon
- 400 g Schweinefilet
- 1 kleine Zwiebel
- 4 Eßl. Öl
- 400 g Maiskörner aus der Dose
- 2 Teel. Speisestärke
- 2 Messerspitzen frisch gemahlener weißer Pfeffer
- 2 Bund Schnittlauch
- 100 g Crème fraîche

Gelingt leicht
Etwas teurer

Pro Person etwa 2400 kJ/ 570 kcal · 25 g Eiweiß 40 g Fett · 30 g Kohlenhydrate

Zubereitungszeit: 40 Minuten

Die Paprikaschoten waschen, abtrocknen, von Stielansätzen, Rippen und Kernen befreien und in etwa 3 cm große Stücke schneiden. • Das Kokosfett in einem Suppentopf zerlassen, die Schoten darin unter Umrühren anbraten, mit der Gemüsebouillon auffüllen und bei sehr schwacher Hitze zugedeckt 15 Minuten kochen lassen. • Das Fleisch waschen, abtrocknen und klein würfeln. • Die Zwiebel schälen und hacken. • Das Öl in einer Pfanne erhitzen, die Zwiebel mit dem Fleisch darin bei mittlerer Hitze unter Umwenden braun braten und beiseite stellen. • Die Maiskörner zu den Paprikaschoten geben und erhitzen. • Die Speisestärke mit wenig kaltem Wasser und dem Pfeffer anrühren. • Den Schnittlauch waschen und in Röllchen schneiden. • Die Crème fraîche und die Speisestärke in die Suppe rühren, einmal aufkochen lassen und vom Herd nehmen. • Das Fleisch noch einmal erhitzen. • Die Suppe anrichten und mit den Fleisch- und den Zwiebelwürfeln sowie dem Schnittlauch bestreuen.

Bohnensuppe mit Quarkklößchen

Am besten bereitet man die Suppe mit erntefrischen Bohnen zu

Für die Klößchen:
- 250 g Magerquark
- 1 Ei
- 4 Eßl. Semmelbrösel
- je 1 Prise Salz und frisch geriebene Muskatnuß

Für die Suppe:
- 500 g grüne Bohnen
- 1 große Zwiebel
- 50 g durchwachsener Speck
- 2 Eßl. Butter
- 1 Zweig Bohnenkraut
- 1 l Rinderbouillon
- 1 Messerspitze Cayennepfeffer
- 1 Spritzer Worcestersauce

Preiswert

Pro Person etwa 1200 kJ/ 290 kcal · 18 g Eiweiß 16 g Fett · 20 g Kohlenhydrate

Vorbereitungszeit: 45 Minuten
Garzeit: 20 Minuten

Den Quark in einem Sieb gut abtropfen lassen, etwas auspressen und mit dem Ei, den Semmelbröseln, dem Salz und dem Muskat mischen und in den Kühlschrank stellen. • Die Bohnen waschen, wenn nötig, von den Fäden befreien und in Stücke schneiden. • Die Zwiebel schälen und fein hacken. Den Speck klein würfeln. • Die Butter in einem Suppentopf zerlassen und den Speck darin knusprig braun braten. Die Zwiebel dazugeben und glasig braten. • Die Bohnen, das Bohnenkraut und die Bouillon hinzufügen und die Bohnen zugedeckt in 20 Minuten garen. • Für die Klößchen reichlich Salzwasser zum Kochen bringen. • Aus der Quarkmasse walnußgroße Klößchen formen und im siedenden Salzwasser in 5 Minuten garen. • Die Bohnensuppe mit dem Cayennepfeffer, der Worcestersauce und etwas Salz abschmekken, anrichten und die Klößchen darauf setzen.

Russische Gemüsesuppe

Nach dieser Suppe sollte es nur noch ein delikates Dessert geben

Zutaten für 8 Personen:
200 g getrocknete weiße Bohnen
750 g Beinfleisch vom Rind
2 Bund Suppengrün
1 Zwiebel · 1 Lorbeerblatt
1 Gewürznelke
1 Teel. Salz
500 g Kartoffeln
250 g grüne Bohnen
500 g Broccoli
1 Eßl. Zitronensaft
0,1 l kräftiger Rotwein
½ Teel. frisch gemahlener schwarzer Pfeffer
150 g Crème fraîche
½ Bund Dill

Braucht etwas Zeit

Pro Person etwa 1300 kJ/ 310 kcal · 25 g Eiweiß
15 g Fett · 16 g Kohlenhydrate

Quellzeit: 12 Stunden
Vorbereitungszeit: 50 Minuten
Garzeit: 2 Stunden

Die Bohnen waschen und von Wasser bedeckt 12 Stunden einweichen. • Das Fleisch und das Suppengrün waschen und mit der geschälten, mit dem Lorbeerblatt und der Gewürznelke besteckten Zwiebel, dem Salz und 2 l Wasser 2 Stunden leicht kochen lassen. Den Schaum abschöpfen, dann den Topf auf einen Spaltbreit zudecken. • Die Bohnen im Einweichwasser in 1½ Stunden garen. • Die Kartoffeln schälen, würfeln und nach 1 Stunde zu den Bohnen geben. • Die grünen Bohnen waschen, putzen und in Salzwasser in 20 Minuten garen. • Den Broccoli putzen, waschen und mit dem Zitronensaft getrennt in Salzwasser 15 Minuten kochen lassen. • Die Bouillon durchseihen. Das Fleisch würfeln. • Die grünen Bohnen, den Broccoli, die Bohnen und das Fleisch in die Bouillon geben. Mit dem Rotwein und dem Pfeffer würzen, mit der Crème fraîche und dem Dill garnieren.

Wirsingsuppe mit Schinkenklößchen

Wirsing läßt sich nach Belieben auch durch Weißkohl ersetzen

1 Schinkenknochen von 750 g
6 weiße Pfefferkörner
500 g Kartoffeln
350 g Möhren · 750 g Wirsing
je ¼ Teel. Salz und frisch gemahlener schwarzer Pfeffer
frisch geriebene Muskatnuß
2 Eßl. gehackte Petersilie
Für die Klößchen:
200 g gekochter Schinken
100 g roher Schinken
1 kleine Zwiebel · 1 Ei
1 Eßl. Sahne
2 Eßl. weiche Butter
4 Eßl. Semmelbrösel
frisch gemahlener schwarzer Pfeffer

Preiswert
Braucht etwas Zeit

Pro Person etwa 3300 kJ/ 790 kcal · 54 g Eiweiß
46 g Fett · 41 g Kohlenhydrate

Vorbereitungszeit: 30 Minuten
Garzeit: 1 Stunde

Den Schinkenknochen waschen und mit den Pfefferkörnern in 1½ l Wasser 40 Minuten sacht kochen lassen. • Die Kartoffeln und die Möhren schälen, waschen und kleinschneiden. • Den Wirsing putzen, waschen, vom Strunk befreien und die Blätter streifig schneiden. • Den Knochen aus der Bouillon nehmen und das Gemüse darin 20 Minuten schwach kochen lassen. • Für die Klößchen den Schinken durch die feine Scheibe des Fleischwolfs drehen. Die Zwiebel schälen, fein hacken und mit dem Schinken, dem Ei, der Sahne, der Butter, den Semmelbröseln und etwas Pfeffer verkneten. • Aus dem Teig Klößchen formen und in leicht kochendem Salzwasser in etwa 10 Minuten gar ziehen lassen. • Die Suppe mit dem Salz, dem Pfeffer und etwas Muskat abschmecken, mit der Petersilie bestreuen und die Klößchen darauf geben.

Pot-au-feu

Der berühmte Suppentopf wird in zwei Gängen serviert

Zutaten für 8 Personen:
1 Poularde von 1,2 kg
750 g Rinderschulter
2 Markknochen
1½ Teel. Salz
2 Zwiebeln
2 Knoblauchzehen
2 Lorbeerblätter
4 Gewürznelken
2 Bund Petersilie
1 Zweig frischer Thymian
500 g Möhren
300 g weiße Rüben
400 g Knollensellerie
2 Stangen Lauch
1 Teel. frisch gemahlener schwarzer Pfeffer
2 Eßl. Cognac
8 Scheiben Weißbrot zu je 20 g

Spezialität aus Frankreich
Braucht etwas Zeit

Pro Person etwa 1300 kJ/
310 kcal · 37 g Eiweiß
10 g Fett · 12 g Kohlenhydrate

Vorbereitungszeit: 45 Minuten
Garzeit: 2 Stunden

Die Poularde, das Fleisch und die Knochen kalt waschen und mit 2½ l Wasser und 1 Teelöffel Salz zum Kochen bringen. • Die Zwiebeln und die Knoblauchzehen schälen. Die Lorbeerblätter mit den Gewürznelken auf die Zwiebeln stecken und diese mit den Knoblauchzehen zum Fleisch geben. • Das Fleisch 1½ Stunden kochen lassen. Während der ersten 30 Minuten den sich bildenden Schaum mehrmals abschöpfen, dann den Topf bis auf einen Spaltbreit zudecken. • Die Kräuter waschen und trockenschleudern. • Die Möhren und die weißen Rüben schälen, waschen und längs vierteln. Den Sellerie schälen, waschen und in dicke Scheiben schneiden. • Vom Lauch die Wurzelenden und die dunkelgrünen Blattenden abschneiden. Den Lauch längs halbieren, waschen und in 10 cm lange Stücke schneiden. • Das vorbereitete Gemüse mit dem Thymian und 1 Bund Petersilie in die Bouillon geben und alles in weiteren 30 Minuten garen. • Den Backofen auf 100° vorheizen. • Die übrige Petersilie von den groben Stengeln befreien und fein hakken. • Die Poularde, das Fleisch und die Markknochen aus der Bouillon nehmen. Die Poularde in Portionsstücke zerteilen. Das Fleisch tranchieren und mit den Geflügelteilen auf einer heißen Servierplatte anrichten. • Die Bouillon durchseihen. Das Gemüse ebenfalls auf der Fleischplatte anrichten, mit einigen Löffeln heißer Bouillon beträufeln, die Platte locker in Alufolie einschlagen und alles im Backofen warm halten. • Das Mark aus den Knochen lösen. • Die Bouillon mit dem restlichen Salz, dem Pfeffer und dem Cognac abschmecken und heiß halten. • Das Weißbrot toasten, mit dem Mark bestreichen und zur heißen Bouillon als ersten Gang servieren. • Die Fleischplatte danach mit Petersilienkartoffeln und beliebigen Würzsaucen reichen.

Unser Tip: Für die Auswahl der Fleischstücke vom Rind gibt es mehrere Möglichkeiten. Statt der Rinderschulter kann auch Ochsenbrust, ein Stück aus der Oberschale oder der Blume für den Pot-au-feu verwendet werden. Ebenso darf man die Beilagen für den zweiten Gang variieren. So wird oft auch sauer eingelegtes Gemüse, geriebener Meerrettich, eine Vinaigrette oder eine heiße Tomatensauce zur Fleischplatte gereicht.

Südländisch anmutende Suppen mit Tomaten und Fenchel

Frische würzige Kräuter geben den Suppen ihr reizvolles Aroma

Fenchelsuppe mit Tomaten

im Bild links

2 Knoblauchzehen
1 Zwiebel
500 g Fenchel mit Grün
400 g mehligkochende Kartoffeln
4 Eßl. Olivenöl
1 l ungesalzene Gemüsebouillon
1 Eßl. gekörnte Gemüsebrühe
je 1 Messerspitze frisch gemahlener weißer Pfeffer und Koriander · 500 g Tomaten

Vollwertrezept
Gelingt leicht

Pro Person etwa 1100 kJ/
260 kcal · 9 g Eiweiß
12 g Fett · 28 g Kohlenhydrate

Zubereitungszeit: 40 Minuten

Die Knoblauchzehen und die Zwiebel schälen und fein würfeln. • Die Fenchelknollen waschen, putzen, längs achteln und quer in etwa ½ cm breite Streifen schneiden. Das Fenchelgrün waschen und abtropfen lassen, beiseite stellen. • Die Kartoffeln schälen, waschen und würfeln. • Das Öl in einem Suppentopf erhitzen, die Zwiebel und den Knoblauch darin glasig braten, das vorbereitete Gemüse dazugeben und unter Umwenden 5 Minuten braten. • Die Gemüsebouillon, die gekörnte Brühe, den Pfeffer und den Koriander hinzufügen und alles zugedeckt 15 Minuten schwach kochen lassen • Die Tomaten überbrühen, häuten, in Stücke schneiden und dabei die Stielansätze entfernen. • Die Tomaten 5 Minuten in der Suppe kochen lassen. • Die Suppe noch einmal abschmecken und mit dem zurückbehaltenen Fenchelgrün bestreuen.

Tomatensuppe mit Dreikorn

im Bild rechts

je 50 g Naturreis, Grünkern und Buchweizen
2 Zwiebeln
2 Knoblauchzehen
4 Eßl. Olivenöl
1 l ungesalzene Gemüsebouillon
2 Teel. gekörnte Gemüsebrühe
600 g Tomaten
1 Bund Schnittlauch
½ Bund Basilikum
je 2 Zweige Thymian und Majoran
etwas Meersalz

Vollwertrezept
Gelingt leicht

Pro Person etwa 890 kJ/
210 kcal · 6 g Eiweiß
5 g Fett · 36 g Kohlenhydrate

Zubereitungszeit: 45 Minuten

Die Körner grob schroten. • Die Zwiebeln und die Knoblauchzehen schälen und fein hakken. • Das Öl in einem Suppentopf erhitzen und die Zwiebeln und den Knoblauch darin glasig braten. Den Schrot hinzufügen, unter Umwenden 2 bis 3 Minuten braten, mit der Gemüsebouillon aufgießen, die gekörnte Brühe unterrühren und alles 15 Minuten bei schwacher Hitze kochen lassen; die Suppe beobachten, da sie leicht überkocht. • Die Tomaten überbrühen, häuten, in Stücke schneiden und dabei die Stielansätze entfernen. • Die Tomaten 5 Minuten in der Suppe kochen lassen. • Die Kräuter waschen und trockenschleudern. Den Schnittlauch in Röllchen schneiden. Die übrigen Kräuter fein hakken. • Die Suppe vom Herd nehmen, eventuell mit Meersalz abschmecken und mit den Kräutern bestreuen.

Ungarische Gulaschsuppe

Das Rezept, eine von vielen Varianten, stammt von einem Ungarn

- 500 g Rinderschulter
- 250 g Zwiebeln
- 1 Bund Suppengrün
- 500 g Tomaten
- 2 grüne Paprikaschoten
- 2 Eßl. Schweineschmalz
- je 1 Teel. Salz und Rosenpaprikapulver
- je 1 Prise frisch gemahlener Kümmel und getrockneter Thymian
- 5 Eßl. trockener Weißwein

Berühmtes Rezept
Braucht etwas Zeit

Pro Person etwa 1300 kJ/ 310 kcal · 28 g Eiweiß 13 g Fett · 11 g Kohlenhydrate

Vorbereitungszeit: 40 Minuten
Garzeit: 1½ Stunden

Das Fleisch waschen, abtrocknen, von Häutchen und Sehnen befreien und würfeln. • Die Zwiebeln schälen, in Ringe schneiden und diese halbieren. • Das Suppengrün putzen, waschen und grob zerschneiden. • Die Tomaten häuten und vierteln. • Die Paprikaschoten waschen, abtrocknen, von Stielansätzen, Rippen und Kernen befreien und in Streifen schneiden. • Das Schmalz zerlassen, die Zwiebeln darin hellgelb braten, das Fleisch dazugeben und im eigenen Saft unter Umwenden 10 Minuten dünsten. • Das Salz, das Paprikapulver, den Kümmel und den Thymian unter das Fleisch mischen, kurz mitbraten, das Suppengrün, die Tomaten, die Paprikaschoten und ¾ l Wasser hinzufügen und die Suppe zugedeckt 1 Stunde sacht kochen lassen. • Die Suppe noch einmal kräftig mit den verwendeten Gewürzen und dem Wein abschmekken und anrichten.

Griechische Lammsuppe

Mit der typisch feinen Säure vieler Balkangerichte

- 2 Zwiebeln
- 2 Knoblauchzehen
- 2 ungespritzte Zitronen
- 750 g Lammschulter ohne Knochen
- 2 Eßl. Olivenöl
- ½ Teel. getrockneter Rosmarin
- je ½ Teel. Salz und frisch gemahlener schwarzer Pfeffer
- 2 Eigelbe
- ½ Bund Petersilie

Spezialität
Braucht etwas Zeit

Pro Person etwa 1800 kJ/ 430 kcal · 45 g Eiweiß 26 g Fett · 5 g Kohlenhydrate

Vorbereitungszeit: 45 Minuten
Garzeit: 1¼ Stunden

Die Zwiebeln und die Knoblauchzehen schälen und fein hacken. • 1 Zitrone warm waschen, abtrocknen, die Schale von ½ Zitrone abreiben und beiseite stellen. Den Saft beider Zitronen auspressen. • Das Fleisch kalt waschen, abtrocknen und in Würfel schneiden. • Das Öl in einem Suppentopf erhitzen und die Fleischwürfel unter Umwenden darin braun braten. • Die Zwiebel- und die Knoblauchwürfel zum Fleisch geben und glasig braten. Den Rosmarin darüber streuen. Die Hälfte vom Zitronensaft, das Salz, den Pfeffer und 1 l Wasser zum Fleisch geben und dieses zugedeckt in 1¼ Stunden garen. • 6 Eßlöffel von der Bouillon abnehmen und abkühlen lassen. • Die Eigelbe schaumig rühren, tropfenweise mit dem übrigen Zitronensaft und mit der abgeriebenen Zitronenschale mischen. Die abgekühlte Bouillon eßlöffelweise unter die Eigelbe rühren. • Die Petersilie waschen, von den groben Stielen befreien und fein hacken. • Die Eier-Zitronen-Sauce unter die Suppe rühren, diese gleich anrichten und mit der Petersilie bestreuen.

Currysuppen, würzig und pikant

Kräftige Suppen mit leicht exotischer Note

Pikante Currysuppe

im Bild links

600 g Rindfleisch (Unterschale oder Beinfleisch)
350 g Gemüsezwiebeln
1 Eßl. Schweineschmalz
1 Eßl. Mehl
1 säuerlicher Apfel (Boskop)
2–3 Eßl. Currypulver
1 Eßl. Paprikapulver, edelsüß
1 Teel. Salz
1 Prise Zucker
1 gelbe Paprikaschote
0,2 l saure Sahne

Braucht etwas Zeit

Pro Person etwa 1500 kJ/
360 kcal · 35 g Eiweiß
19 g Fett · 15 g Kohlenhydrate

Vorbereitungszeit: 40 Minuten
Garzeit: 1¼ Stunden

Das Fleisch waschen, abtrocknen und würfeln. • Die Zwiebeln schälen und fein hacken. • Das Schmalz erhitzen, die Fleischwürfel darin braun braten. Die Zwiebeln hinzufügen und glasig braten. • Das Mehl über das Fleisch stäuben, gut untermischen und nach und nach mit 1 l Wasser auffüllen. • Den Apfel schälen, vierteln, vom Kerngehäuse befreien und in die Suppe raspeln. Die Gewürze dazugeben, alles gut vermengen und die Suppe 1 Stunde zugedeckt sacht kochen lassen. • Die Paprikaschote putzen, waschen und würfeln. Die Schotenwürfel 10 Minuten vor Ende der Garzeit in die Suppe geben. • Die Suppe noch einmal abschmecken, anrichten und die saure Sahne darauf geben.

Currysuppe mit Gemüse

im Bild rechts

1 Poularde von 1,2 kg
1 Bund Suppengrün
je 1 kleine und große Zwiebel
4 Pimentkörner
1 Teel. Salz
50 g Butter
2 gehäufte Eßl. Mehl
1 Eßl. Currypulver
300 g gepalte Perlerbsen, ersatzweise tiefgefrorene
1 rote Paprikaschote
150 g Crème fraîche
1 Eigelb

Braucht etwas Zeit

Pro Person etwa 3000 kJ/
710 kcal · 53 g Eiweiß
46 g Fett · 22 g Kohlenhydrate

Vorbereitungszeit: 45 Minuten
Garzeit: 2 Stunden

Die Poularde innen und außen gründlich kalt waschen. • Das Suppengrün putzen, waschen und grob zerkleinern. Die kleine Zwiebel schälen. • Die Poularde mit dem vorbereiteten Gemüse, den Pimentkörnern, dem Salz und 1½ l Wasser zum Kochen bringen und in 2 Stunden garen. Zunächst den Schaum abschöpfen, dann den Topf bis auf einen Spaltbreit zudecken. • Die Poularde dann aus der Bouillon nehmen, von Haut und Knochen befreien und das Fleisch in Stücke schneiden. • Die Bouillon durchseihen. • Die große Zwiebel schälen und fein hacken. • Die Butter zerlassen, die Zwiebel darin glasig braten, das Mehl darüber stäuben und hellgelb werden lassen. • Das Currypulver untermischen und nach und nach die Bouillon dazugießen. Die Erbsen in die Suppe geben und 5 Minuten darin kochen lassen. • Die Paprikaschote putzen, waschen, klein würfeln und in den letzten 3 Minuten in der Suppe garen. • Das Poulardenfleisch in der Suppe erhitzen. • Die Crème fraîche mit dem Eigelb verquirlen, die Suppe damit legieren und vom Herd nehmen.

Zarte Gemüsesuppen, delikat ergänzt

Sie eignen sich als kleines Gästeessen für den Abend

Spargelsuppe mit Hähnchenfilet

im Bild links

300 g Bruchspargel
2 Schalotten
2 Eßl. Butter
je ½ Teel. Salz und frisch gemahlener weißer Pfeffer
500 g weißer Stangenspargel
4 Hähnchenbrustfilets zu je 80 g
1 Handvoll Kerbel

Braucht etwas Zeit
Etwas teurer

Pro Person etwa 670 kJ/ 160 kcal · 21 g Eiweiß 5 g Fett · 4 g Kohlenhydrate

Vorbereitungszeit: 40 Minuten
Garzeit: 1½ Stunden

Den Bruchspargel waschen, schälen und in Stücke schneiden. Die Schalotten schälen und fein hacken. • Die Butter zerlassen, den Spargel und die Schalotten darin anbraten, das Salz, den Pfeffer und 1¼ l Wasser dazugeben und im leicht geöffneten Topf 1¼ Stunden leicht kochen lassen; die Flüssigkeit soll auf knapp ¾ l einkochen. • Den Stangenspargel schälen, die Schalen waschen und in den Spargelsud geben. • Den Spargel in 2 cm lange Stücke schneiden. • Die Hähnchenfilets in Würfel schneiden. • Den Spargelsud durchseihen und die Spargelstücke mit den Filets in weiteren 15 bis 20 Minuten darin garen. • Den Kerbel abbrausen und von den Stengeln befreien. • Die Suppe abschmecken und mit dem Kerbel bestreut servieren.

Zucchinisuppe mit Salamiklößchen

im Bild rechts

2 Brötchen vom Vortag
50 g Salami in Scheiben
1 sehr kleine und 1 mittelgroße Zwiebel
2 Eßl. Butter
1 Ei
½ Teel. Salz
¼ Teel. frisch gemahlener weißer Pfeffer
1 Messerspitze frisch geriebene Muskatnuß
1 Eßl. Öl
1 Knoblauchzehe
¾ l Hühnerbouillon
250 g kleine Zucchini
250 g rote Paprikaschoten
1 Teel. getrockneter Oregano

Etwas schwierig

Pro Person etwa 1300 kJ/ 310 kcal · 11 g Eiweiß 16 g Fett · 27 g Kohlenhydrate

Zubereitungszeit: 1 Stunde

Die Brötchen in Wasser einweichen. • Die Salami sehr fein würfeln. Die kleine Zwiebel schälen, hacken, mit der Salami in wenig Butter braten, bis die Zwiebel glasig ist und abkühlen lassen. • Die übrige Butter schaumig rühren, mit der Salami-Zwiebel-Masse, dem Ei und den ausgedrückten Brötchen verkneten, mit etwas Salz, Pfeffer und Muskat würzen und 10 Minuten quellen lassen. • Die restliche Zwiebel schälen, hacken, in dem Öl glasig braten. Den Knoblauch dazudrükken, mit der Bouillon aufgießen und zum Kochen bringen. • Die Zucchini und die Paprikaschoten waschen, putzen, würfeln und in der Bouillon 15 Minuten ziehen lassen. • Vom Salamiteig Klößchen abstechen und in siedendem Salzwasser in 5 Minuten gar ziehen lassen. • Die Suppe mit Salz, Pfeffer, Muskat und dem Oregano würzen und mit den Klößchen servieren.

Kräftige Suppen mit Fleisch

Suppenmahlzeiten, die sich auch als mitternächtliche Stärkung eignen

Rindfleischsuppe mit Tomaten

im Bild links

500 g Hochrippe vom Rind
1 Lorbeerblatt
½ Teel. Salz
125 g Langkornreis
4 Frühlingszwiebeln
4 Stangen Staudensellerie
400 g Kartoffeln
400 g Fleischtomaten
½ Eßl. Tomatenmark
1 Messerspitze frisch gemahlener weißer Pfeffer

Preiswert • Gelingt leicht

Pro Person etwa 2100 kJ/ 500 kcal · 30 g Eiweiß
21 g Fett · 49 g Kohlenhydrate

Vorbereitungszeit: 45 Minuten
Garzeit: 1¾ Stunden

In einem Suppentopf 1½ l Wasser zum Kochen bringen. • Das Fleisch waschen, mit dem Lorbeerblatt und dem Salz ins kochende Wasser geben und 1¼ Stunden schwach kochen lassen. Den Schaum mehrmals abschöpfen. • Den Reis waschen und abtropfen lassen. • Die Frühlingszwiebeln und den Sellerie waschen, putzen und in Scheiben schneiden. Das Selleriegrün waschen und beiseite legen. • Die Kartoffeln schälen, waschen, würfeln und mit dem Reis und dem Gemüse in der Bouillon 30 Minuten kochen lassen. • Die Tomaten überbrühen, häuten, würfeln, mit dem Tomatenmark in die Suppe rühren und diese weitere 10 Minuten kochen lassen. • Das Fleisch in Würfel schneiden, in die Suppe geben und diese mit dem Pfeffer und eventuell noch etwas Salz abschmecken. • Das Selleriegrün hacken und auf die Suppe streuen.

Ochsenschwanzsuppe mit Gemüse

im Bild rechts

1 kg Ochsenschwanzstücke
2 Eßl. Schweineschmalz
2 Eßl. Mehl
1½ l Rinderbouillon
1 Lorbeerblatt
2 Gewürznelken
10 schwarze Pfefferkörner
je 500 g Knollensellerie, Möhren und Kartoffeln
je 250 g Zwiebeln und Lauch
4 Eßl. Rotwein
1 Prise Zucker
eventuell Salz

Preiswert • Gelingt leicht

Pro Person etwa 1600 kJ/ 380 kcal · 24 g Eiweiß
15 g Fett · 40 g Kohlenhydrate

Vorbereitungszeit: 30 Minuten
Garzeit: 2 Stunden

Die Ochsenschwanzstücke waschen und abtrocknen. • Das Schmalz erhitzen, den Ochsenschwanz darin kräftig anbraten. Das Mehl darüber stäuben, unter Umrühren bräunen lassen, mit der Bouillon aufgießen und mit den Gewürzen 1½ Stunden schwach kochen lassen. • Den Sellerie, die Möhren und die Kartoffeln schälen, waschen und würfeln. • Die Zwiebeln schälen und streifig schneiden. Den Lauch putzen, waschen und in Ringe schneiden. • Die Bouillon durchseihen und das Gemüse darin 25 Minuten zugedeckt kochen lassen. • Das Fleisch vom Ochsenschwanz lösen, in die Suppe geben und diese mit dem Rotwein, dem Zucker und eventuell mit Salz abschmecken.

Provenzalische Gemüsesuppe mit Pistou

Eine beliebte Spezialität aus dem Süden Frankreichs

Zutaten für 6 Personen:
- 3 mittelgroße Zwiebeln
- 500 g Tomaten
- 500 g grüne Bohnen
- 250 g Kartoffeln
- 125 g frische weiße Bohnenkerne
- 5 Eßl. Olivenöl
- 1½ l Hühnerbouillon
- 1 Bund Bohnenkraut
- 1 Bund Basilikum
- 2–3 Knoblauchzehen
- 1 Eßl. Tomatenmark
- 1 Eßl. frisch geriebener Parmesankäse
- 1 Eßl. Semmelbrösel
- je 1–2 Messerspitzen Salz und frisch gemahlener weißer Pfeffer

Gelingt leicht
Spezialität aus Frankreich

Pro Person etwa 730 kJ/ 170 kcal · 6 g Eiweiß
7 g Fett · 22 g Kohlenhydrate

Vorbereitungszeit: 40 Minuten
Garzeit: 30 Minuten

Die Zwiebeln schälen und würfeln. • Die Tomaten überbrühen, häuten und würfeln. • Die grünen Bohnen putzen, waschen und halbieren. • Die Kartoffeln schälen, waschen und würfeln. • Die Bohnenkerne waschen. • Die Zwiebeln in 2 Eßlöffeln Öl hellgelb braten. Die Tomaten dazugeben und kurz mitbraten, mit der Bouillon aufgießen, die Bohnenkerne und das Bohnenkraut im Bund hinzufügen und alles zugedeckt 10 Minuten kochen lassen. • Danach die grünen Bohnen und die Kartoffeln in der Suppe 20 Minuten kochen lassen. • Das Basilikum waschen, trockentupfen und fein hacken. Den Knoblauch schälen, durchpressen, mit dem Basilikum, dem Tomatenmark, dem Käse und den Semmelbröseln zu einer Paste, dem Pistou, verarbeiten und nach und nach das restliche Öl unterrühren. • Das Bohnenkraut aus der Suppe nehmen, diese mit dem Salz und dem Pfeffer abschmecken und den Pistou extra dazu reichen.

Vichyssoise mit Muscheln

Diese milde Cremesuppe für festliche Anlässe wird häufig auch kalt serviert

2 Stangen Lauch
1 Zwiebel
50 g Butter
400 g mehligkochende Kartoffeln
⅜ l Geflügelbouillon
¼ l Milch
0,2 l Sahne
100 g naturell eingelegte Miesmuscheln aus der Dose
200 g ausgelöste Garnelen
1 Teel. Salz
1 Messerspitze frisch gemahlener weißer Pfeffer
1 Bund Dill

Spezialität aus Frankreich
Etwas schwierig

Pro Person etwa 2000 kJ/ 480 kcal · 22 g Eiweiß 30 g Fett · 27 g Kohlenhydrate

Vorbereitungszeit: 40 Minuten
Garzeit: 30 Minuten

Den Lauch von den dunkelgrünen Blättern und den Wurzelenden befreien. Die hellen Teile halbieren, gründlich waschen und in feine Streifen schneiden. • Die Zwiebel schälen und klein würfeln. • Die Butter in einem Suppentopf zerlassen, den Lauch mit der Zwiebel darin hellgelb braten und vom Herd nehmen. • Die Kartoffeln schälen, waschen, in 2 cm große Würfel schneiden, mit der Bouillon zum Gemüse geben und zugedeckt bei schwacher Hitze 30 Minuten kochen lassen. • Die Suppe danach im Mixer pürieren oder durch ein Sieb streichen und mit der Milch erneut zum Kochen bringen. • Die Sahne steif schlagen. • Die Miesmuscheln mit der Flüssigkeit aus der Dose sowie die Garnelen in der Suppe erhitzen. • Die Suppe mit dem Salz und dem Pfeffer kräftig abschmecken. • Den Dill waschen, trockenschleudern und kleinschneiden. • Die Suppe anrichten, die Schlagsahne unterheben und den Dill darüber streuen.

Cioppino

Die Fischsuppe italienischer und portugiesischer Fischer vor Kaliforniens Küste

Zutaten für 6 Personen:
1 kg Miesmuscheln
¾ l Rotwein
2 große Zwiebeln
3 Knoblauchzehen
2 grüne Paprikaschoten
600 g Fleischtomaten
250 g Champignons
1 Bund Basilikum
8 Eßl. Olivenöl
1½ Teel. Salz
1 Teel. frisch gemahlener weißer Pfeffer
75 g Tomatenmark
750 g Seeteufelfilets
500 g rohe Riesengarnelenschwänze
1 Bund Petersilie

Spezialität • Etwas teurer

Pro Person etwa 2000 kJ/ 480 kcal · 55 g Eiweiß 14 g Fett · 10 g Kohlenhydrate

Zubereitungszeit: 1 Stunde

Die Muscheln unter fließendem kalten Wasser bürsten und die Byssusfäden abziehen. • Die Hälfte des Weins zum Kochen bringen, die Muscheln hineinschütten und zugedeckt 5 Minuten leicht kochen lassen. Den Topf dabei öfters rütteln, damit alle Muscheln gleichzeitig garen. Die Muscheln dann in ein Sieb schütten und den Weinsud auffangen. • Den Weinsud durch ein Mulltuch seihen. • Die Zwiebeln und die Knoblauchzehen schälen und fein hacken. • Die Paprikaschoten waschen, putzen und grob würfeln. Die Tomaten häuten, die Stielansätze ausschneiden und die Kerne entfernen. • Die Pilze putzen und in Scheiben schneiden. • Das Basilikum waschen, trockenschleudern und fein hacken. • Das Öl in einem Suppentopf erhitzen und die Zwiebeln, den Knoblauch und die Paprikaschoten darin 5 Minuten dünsten. • Die Tomaten, das Salz, den Pfeffer und das Tomatenmark untermischen und 2 Minuten weiterdünsten. • Den restlichen Rotwein mit dem Weinsud dazugießen und zugedeckt 15 Minuten leicht kochen lassen. • Die Fischfilets waschen und in etwa 3 cm große Stücke schneiden. • Den Fisch mit den Garnelenschwänzen und dem Basilikum in die Suppe geben und weiterhin leicht kochen lassen. • Die Muscheln aus den geöffneten Schalen nehmen; ungeöffnete wegwerfen. • Die Muscheln in der Suppe erwärmen, diese aber nicht mehr kochen lassen. • Die Petersilie waschen, trockenschleudern und hacken. • Die Suppe anrichten, mit der Petersilie bestreuen und mit Suppenlöffeln und Gabeln servieren. • Frisches Weißbrot dazu reichen.

Unser Tip: Die Muscheln und die Riesengarnelenschwänze gehören unbedingt in die Suppe. Das Seeteufelfilet kann aber durch Filets von einem anderen edlen Seefisch ersetzt werden, wenn der Markt diese Spezialität gerade nicht bietet. Werden auch keine Riesengarnelenschwänze angeboten, kann man statt dessen auch rohe Scampi in der Suppe garen.

Linsensuppen aus Asien und Amerika

Sie bringen Abwechslung für alle Liebhaber von Linsengerichten

Indische Linsensuppe

im Bild links

- 1¼ l Hühnerbouillon
- 1 große Zwiebel
- 2 Eßl. Butterschmalz
- 2 Knoblauchzehen
- 1 Teel. fein gehackte Ingwerwurzel
- 1 Teel. Salz
- je ½ Teel. frisch gemahlener Koriander und Kreuzkümmel
- 1 Prise Cayennepfeffer
- 300 g braune Linsen
- 1 Bund Petersilie

Gelingt leicht • Preiswert

Pro Person etwa 1200 kJ/ 290 kcal · 19 g Eiweiß 6 g Fett · 42 g Kohlenhydrate

Zubereitungszeit: 55 Minuten

Die Hühnerbouillon erhitzen. • Die Zwiebel schälen und fein hacken. • Das Butterschmalz in einem Suppentopf zerlassen und die Zwiebel darin glasig braten. Den Knoblauch schälen und dazudrücken. Den Ingwer, das Salz, den Koriander, den Kreuzkümmel und den Cayennepfeffer hinzufügen und kurz mitbraten. • Die Linsen und die heiße Bouillon dazugeben, aufkochen und danach 30 bis 40 Minuten zugedeckt schwach kochen lassen. Die Kochzeit richtet sich nach der Frische der Linsen. • Die Petersilie waschen, trockenschleudern und mittelfein hakken. • Die Suppe anrichten und mit der Petersilie bestreut heiß servieren.

Linsensuppe aus Peru

im Bild rechts

- 1 Huhn von 1 kg
- 1 Bund Suppengrün
- 2 Zwiebeln
- 1 Teel. Salz
- 4 weiße Pfefferkörner
- 300 g rote Linsen
- 2 Eßl. Butter
- 1 Teel. Zucker
- 1 ungespritzte Zitrone
- 1 Teel. Paprikapulver, edelsüß
- je 1 Prise Ingwer- und Kardamompulver
- 1 Messerspitze Cayennepfeffer
- 1 Zweig Zitronenmelisse

Spezialität aus Südamerika
Braucht etwas Zeit

Pro Person etwa 2100 kJ/ 500 kcal · 50 g Eiweiß 14 g Fett · 44 g Kohlenhydrate

Vorbereitungszeit: 45 Minuten
Garzeit: 2 Stunden

Das Huhn innen und außen waschen. Das Suppengrün putzen, waschen und grob zerkleinern. 1 Zwiebel schälen. • Das vorbereitete Gemüse mit dem Huhn, 1½ l Wasser, dem Salz und den Pfefferkörnern zugedeckt 2 Stunden bei schwacher Hitze kochen lassen. • Die Linsen in stehendem Wasser waschen, verlesen, von Wasser bedeckt zum Kochen bringen und in 10 Minuten bei schwacher Hitze garen. • Das Huhn aus der Bouillon nehmen, von Haut und Knochen befreien und in kleine Stücke schneiden. Die Bouillon durchseihen. • Die zweite Zwiebel schälen und klein würfeln. • Die Butter zerlassen, den Zucker darin karamelisieren lassen und die Zwiebelwürfel darin glasig braten. • Die Bouillon und die Linsen zu den Zwiebelwürfeln gießen und das Fleisch in der Suppe erhitzen. • Die Zitrone warm waschen, reichlich Schale abreiben und den Saft auspressen. • Die Suppe mit den Gewürzen, der Zitronenschale und dem Zitronensaft abschmecken und noch 5 Minuten ziehen lassen. • Die Melisseblättchen waschen, trockentupfen und über die Suppe streuen.

Mexikanische Bohnensuppe

Eine feurige Mitternachtssuppe, wenn Stärkung nötig ist

- 375 g schwarze Bohnen
- 500 g gepökelte Rinderbrust (einige Tage zuvor bestellen)
- 100 magerer geräucherter Speck
- 1 Lorbeerblatt
- 1 Teel. getrockneter Thymian
- 4 Pfefferschoten
- 1 grüne Paprikaschote
- 300 g Maiskörner aus der Dose
- 3 Pfefferminzblätter
- eventuell etwas Salz

Braucht etwas Zeit
Gelingt leicht

Pro Person etwa 2500 kJ/ 600 kcal · 32 g Eiweiß 39 g Fett · 28 g Kohlenhydrate

Quellzeit: 12 Stunden
Vorbereitungszeit: 30 Minuten
Garzeit: 2 Stunden

Die Bohnen waschen und in 2 l Wasser 12 Stunden einweichen. • Die Bohnen dann abgießen und mit dem Speck, dem Lorbeerblatt und dem gerebelten Thymian von frischem Wasser bedeckt zum Kochen bringen und bei schwacher Hitze zugedeckt in 2 Stunden garen. • Die Pfefferschoten und die Paprikaschote waschen, abtrocknen, längs halbieren und von Stielansätzen, Rippen und Kernen befreien. Die Paprikaschote fein würfeln. • 10 Minuten vor Ende der Garzeit die Maiskörner, die Schotenhälften, die Schotenwürfel und die gewaschenen Pfefferminzblätter in der Suppe mitkochen lassen. • Das Fleisch und den Speck aus der Suppe nehmen, in Würfel schneiden und wieder in die Suppe geben. Die Bohnensuppe, wenn nötig, noch mit etwas Salz abschmecken.

Unser Tip: Sollten Sie kein gepökeltes Rindfleisch bekommen, können Sie die Suppe auch mit gepökeltem, geräuchertem Schweinenacken oder Kasseler zubereiten. Schweinefleisch muß nur 1 Stunde kochen.

Erbsencremesuppe mit Speck

Eine kräftige, würzige Suppe für Wintertage

300 g getrocknete grüne Erbsen	
1 Schinkenknochen	
1 Teel. Salz	
1 Stange Lauch	
1 große Möhre	
1 Petersilienwurzel	
75 g durchwachsener Speck	
1 große Zwiebel	
1 Eßl. Sojaöl	
4 Eßl. Sahne	
je 1 Messerspitze getrockneter Majoran und frisch gemahlener weißer Pfeffer	
4 Eßl. Kresseblättchen	

Preiswert
Braucht etwas Zeit

Pro Person etwa 1100 kJ/ 260 kcal · 10 g Eiweiß 17 g Fett · 18 g Kohlenhydrate

Quellzeit: 12 Stunden
Vorbereitungszeit: 45 Minuten
Garzeit: 1½ Stunden

Die Erbsen waschen, verlesen und von Wasser bedeckt 12 Stunden quellen lassen. • Die Erbsen im Einweichwasser mit dem Schinkenknochen und noch etwas Wasser zum Kochen bringen. Den Schaum abschöpfen, das Salz hinzufügen und die Erbsen zugedeckt in 1½ Stunden garen. • Den Lauch putzen, waschen und in 4 cm lange Stücke schneiden. • Die Möhre und die Petersilienwurzel schälen, waschen und klein würfeln. • Das Gemüse nach 1 Stunde Garzeit zu den Erbsen geben und mitgaren. • Den Speck klein würfeln. Die Zwiebel schälen und in dünne Ringe schneiden. • Das Öl in einer Pfanne erhitzen und den Speck darin ausbraten. Wenn der Speck glasig ist, die Zwiebelringe dazugeben, beides knusprig braun braten und beiseite stellen. • Den Knochen aus der Suppe nehmen und diese durch ein Haarsieb passieren. • Die Suppe mit der Sahne verrühren, mit dem Majoran und dem Pfeffer abschmecken und erneut erhitzen. • Die Suppe anrichten und mit den Speckwürfeln, den Zwiebelringen und der Kresse bestreuen.

Suppen vom Balkan und aus Amerika

Auch außerhalb ihrer Heimat bekannt und geschätzt

Serbische Bohnensuppe

im Bild links

250 g getrocknete weiße Bohnen
1 Bund Suppengrün
250 g Zwiebeln
1 Knoblauchzehe
250 g Kartoffeln
300 g Tomaten
100 g durchwachsener Speck
1 Eßl. Keimöl
½ Teel. Salz
1 Teel. Paprikapulver, edelsüß
1 Prise getrockneter Majoran
1 Messerspitze Cayennepfeffer
1 grüne Paprikaschote
1 Eßl. Tomatenmark
100 g Knoblauchwurst
1 Eßl. gehackte Petersilie

Spezialität aus Jugoslawien
Braucht etwas Zeit

Pro Person etwa 1800 kJ/
430 kcal · 12 g Eiweiß
31 g Fett · 22 g Kohlenhydrate

Quellzeit: 12 Stunden
Vorbereitungszeit: 45 Minuten
Garzeit 1½ Stunden

Die Bohnen in stehendem Wasser verlesen und 12 Stunden in abgekochtem kaltem Wasser einweichen. • Die Bohnen im Einweichwasser bei schwacher Hitze 1½ Stunden kochen lassen. • Das Suppengrün putzen und waschen, die Zwiebeln und den Knoblauch schälen und alles kleinschneiden. • Die Kartoffeln schälen, waschen und würfeln. Die Tomaten häuten und in Stükke schneiden. • Den Speck klein würfeln, in dem Öl knusprig ausbraten, die Zwiebeln darin glasig braten, den Knoblauch, die Kartoffeln, das Suppengrün, die Tomaten, die Gewürze und 1 Tasse Wasser hinzufügen und alles in 25 Minuten garen. • Die Paprikaschote putzen, waschen, würfeln und 10 Minuten im Gemüse kochen lassen. • Die Bohnen mit dem Tomatenmark unter das Gemüse mischen. Die Wurst in Scheiben schneiden und in der Suppe erhitzen. • Die Suppe mit der Petersilie bestreut anrichten.

Kichererbsensuppe

im Bild rechts

300 g Kichererbsen
100 g Zwiebeln
4 Knoblauchzehen
je 500 g Mangold und Tomaten
3 Eßl. Olivenöl · ¼ Teel. Salz
je 2 Messerspitzen frisch gemahlener schwarzer Pfeffer und Cayennepfeffer
1 Teel. Rosenpaprikapulver
2 Lorbeerblätter
1 Eßl. Tomatenmark
2 Scheiben Weißbrot vom Vortag

Spezialität aus Südamerika
Braucht etwas Zeit

Pro Person etwa 880 kJ/
210 kcal · 10 g Eiweiß
7 g Fett · 26 g Kohlenhydrate

Quellzeit: 12 Stunden
Vorbereitungszeit: 30 Minuten
Garzeit: 2 Stunden

Die Erbsen von Wasser bedeckt 12 Stunden einweichen. • Die Erbsen waschen und in 1½ l frischem Wasser zugedeckt 1½ Stunden sacht kochen lassen. • Die Zwiebeln und den Knoblauch schälen und fein hakken. • Den Mangold putzen, waschen und streifig schneiden. • Die Tomaten häuten und vierteln. • 2 Eßlöffel Öl erhitzen, die Zwiebeln und den Knoblauch darin glasig braten, den Mangold und die Tomaten kurz mitbraten und unter die Kichererbsen mischen. • Die Suppe mit den Gewürzen abschmecken und mit den Lorbeerblättern und dem Tomatenmark 30 Minuten leicht kochen lassen. • Das Brot entrinden, würfeln und im übrigen Öl braten. Die Lorbeerblätter entfernen, die Suppe anrichten und bei Tisch mit den Croûtons bestreuen.

LE CREUSET

Eintöpfe der Welt

Berühmte und neue Spezialitäten
in reizvollen Variationen

Kräftige Eintöpfe von den britischen Inseln

An feuchtkalten Tagen weiß man diese Gerichte zu schätzen

Scotch Broth

im Bild links

- 100 g Gerstengraupen
- 800 g Lammschulter
- 3 Zwiebeln
- 2 Gewürznelken
- 1 Lorbeerblatt
- 1½ Teel. Salz
- 1 Teel. weiße Pfefferkörner
- 3 Möhren · ½ Sellerieknolle
- 2 Stangen Lauch
- 1 Bund Petersilie
- 1 Knoblauchzehe
- 0,1 l Sahne

Spezialität aus England

Pro Person etwa 3100 kJ/ 740 kcal · 45 g Eiweiß 45 g Fett · 38 g Kohlenhydrate

Quellzeit: 12 Stunden
Zubereitungszeit: 1½ Stunden

Die Graupen von kaltem Wasser bedeckt 12 Stunden quellen lassen. • Das Fleisch waschen. Die Zwiebeln schälen und 1 mit den Nelken und dem Lorbeerblatt bestecken. • Das Fleisch mit der besteckten Zwiebel, dem Salz und den Pfefferkörnern von kochendem Wasser bedeckt 1 Stunde sacht kochen lassen. • Die Möhren und den Sellerie schälen, waschen und mit den übrigen Zwiebeln würfeln. Die hellen Teile vom Lauch waschen und in Ringe schneiden. • Das Fett von der Bouillon abschöpfen und das Gemüse darin 5 Minuten dünsten. • Die Gerste mit dem Einweichwasser hinzufügen und zugedeckt 25 Minuten leicht kochen lassen. • Das Fleisch von den Knochen lösen, würfeln und mit der durchgeseihten Bouillon zum Gemüse geben. • Die Petersilie waschen und kleinschneiden. Den Knoblauch schälen und hakken. • Die Sahne mit dem Knoblauch und der Petersilie in den Eintopf geben und diesen noch einmal abschmecken.

Irish Stew

im Bild rechts

- 1 kg ausgelöster Lammnacken
- 1 kg Weißkohl
- 1½ Teel. Salz
- 750 g Kartoffeln
- 2 Stangen Lauch
- 2 Möhren
- 500 g Zwiebeln
- 3–5 Knoblauchzehen
- 1 Stück Ingwerwurzel, etwa 2 cm
- 2 Zweige Thymian
- ½ Teel. Kümmel
- ¼ Teel. frisch gemahlener schwarzer Pfeffer
- ¾ l entfettete Rinderbouillon

Spezialität aus Irland

Pro Person etwa 2300 kJ/ 550 kcal · 62 g Eiweiß 10 g Fett · 54 g Kohlenhydrate

Vorbereitungszeit: 30 Minuten
Garzeit: 2 Stunden

Das Fleisch waschen und in etwa 3 cm große Würfel schneiden. • Den Kohl putzen, vierteln und die Strünke herausschneiden. Die Kohlviertel in Streifen schneiden, in kochendem Salzwasser 1 Minute blanchieren und abtropfen lassen. • Den Backofen auf 180° vorheizen. • Die Kartoffeln schälen, waschen und in Scheiben schneiden. • Den Lauch und die Möhren putzen, waschen und würfeln. • Die Zwiebeln, den Knoblauch und den Ingwer schälen und würfeln. • Einen Schmortopf mit einer Schicht Kohl auslegen. Darauf lagenweise Fleischwürfel, Gemüsewürfel und Kartoffelscheiben geben, jede Schicht mit den Gewürzen bestreuen und die Bouillon darüber gießen. • Das Stew zugedeckt in 2 Stunden im Backofen garen. Während der letzten 30 Minuten den Deckel abnehmen. • Das Stew noch einmal kräftig abschmecken.

Griechischer Hammelpilaw

Eine Spezialität, für die es viele regionale Varianten gibt

- 800 g ausgelöste Hammelkeule
- 3 mittelgroße Zwiebeln
- 50 g Butterschmalz
- 1 Teel. Salz
- ¼ Teel. frisch gemahlener schwarzer Pfeffer
- 1 kg sehr reife Fleischtomaten
- 2 Teel. getrockneter Oregano
- 100 g Rundkornreis (Riesenkorn)
- ⅛ l Rinderbouillon

Berühmtes Rezept

Pro Person etwa 3100 kJ/
740 kcal · 42 g Eiweiß
49 g Fett · 33 g Kohlenhydrate

Vorbereitungszeit: 30 Minuten
Garzeit: 1 Stunde

Das Fleisch waschen, abtrocknen, in etwa 2 cm große Würfel schneiden und dabei die Fettränder entfernen. • Die Zwiebeln schälen und klein hacken. • Das Butterschmalz in einem großen Schmortopf erhitzen und die Fleischwürfel unter Umwenden darin braun anbraten. • Die Zwiebeln, das Salz und den Pfeffer untermischen und alles bei schwacher Hitze sacht weiterbraten lassen; öfter umwenden. • Die Tomaten mit kochendheißem Wasser überbrühen, häuten, entkernen, in Stücke schneiden und mit dem Oregano unter das Fleisch mischen. Alles zugedeckt bei schwacher Hitze 40 Minuten schmoren lassen. • Danach den Reis mit der Bouillon unter den Pilaw mischen und alles bei schwacher Hitze in weiteren 20 Minuten garen. • Den Hammelpilaw bis zum Servieren warm halten, dabei ein doppelt gefaltetes Tuch auf den Topf und darauf erst den Deckel legen, damit die sich am Deckel niedergeschlagene Feuchtigkeit nicht auf das Gericht tropfen kann.

Unser Tip: Den Hammelpilaw so heiß wie möglich servieren, da lauwarmes Hammelfett einen intensiven Geschmack entwickelt, der nicht jedermanns Sache ist.

Kascha mit Schtschi

Ein kräftiges russisches Bauerngericht

- 150 g Kascha (gerösteter Buchweizen) oder ganze Buchweizenkörner
- 300 g Weißkohl, geputzt gewogen
- 1 Zwiebel
- 50 g Butter
- 1 l ungesalzene Rinderbouillon
- 1 Eßl. gekörnte Gemüsebrühe
- je 1 Messerspitze frisch geriebene Muskatnuß, gemahlener Koriander und Kümmel
- ¼ Teel. frisch gemahlener schwarzer Pfeffer
- 150 g körniger Frischkäse
- 2 Eßl. frisch gehackte Petersilie
- eventuell etwas Paprikapulver, edelsüß

Vollwertrezept
Spezialität aus Rußland

Pro Person etwa 1200 kJ/ 290 kcal · 10 g Eiweiß 13 g Fett · 33 g Kohlenhydrate

Zubereitungszeit: 50 Minuten

Falls fertige Kascha nicht erhältlich ist, die Buchweizenkörner in einer trockenen Pfanne unter Umwenden rösten, bis sie goldbraun sind und duften. • Den Kohl in feine Streifen schneiden. Die Zwiebel schälen und fein würfeln. • Die Butter in einem großen Topf zerlassen und die Zwiebelwürfel darin glasig braten. Die Kohlstreifen hinzufügen und alles unter Umwenden bei schwacher Hitze etwa 5 Minuten braten, bis auch der Kohl glasig ist. • Die Kascha, die Bouillon und die gekörnte Gemüsebrühe untermischen und alles in knapp 15 Minuten zugedeckt garen. • Den Eintopf mit dem Muskat, dem Koriander, dem Kümmel, wenig Pfeffer und, wenn nötig, noch mit etwas Gemüsebrühe abschmekken. • Den Eintopf anrichten und den Frischkäse in Nocken daraufsetzen. Die Petersilie darüber streuen, mit etwas Pfeffer übermahlen und nach Belieben Paprikapulver auf die Käsenocken streuen.

Pusztatopf

Eine köstliche Erfindung ungarischer Schafhirten

- 1 Zwiebel
- 4 Knoblauchzehen
- 500 g grüne Bohnen
- je 1 grüne und rote Paprikaschote
- 1 Bund Suppengrün
- 4 Eßl. Olivenöl
- 100 g grober Maisgrieß
- ¾ l ungesalzene Gemüsebouillon
- 1–2 Teel. Meersalz
- 2 Teel. frisch gehackter Thymian
- 1 Teel. Paprikapulver, edelsüß
- 1 Messerspitze frisch gemahlener schwarzer Pfeffer
- 400 g Tomaten
- 1 Teel. frisch gehacktes Basilikum
- 1 Eßl. frisch gehackte Petersilie
- 1 Prise Cayennepfeffer

Vollwertrezept
Gelingt leicht

Pro Person etwa 1100 kJ/ 260 kcal · 9 g Eiweiß 9 g Fett · 34 g Kohlenhydrate

Zubereitungszeit: 50 Minuten

Die Zwiebel und die Knoblauchzehen schälen und würfeln. • Die Bohnen waschen, putzen und in Stücke schneiden. • Die Paprikaschoten waschen, abtrocknen, halbieren, von den Stielansätzen, Kernen und Rippen befreien und in feine Streifen schneiden. • Das Suppengrün putzen, waschen und würfeln. • Das Öl in einem Schmortopf erhitzen, die Zwiebel und den Knoblauch darin glasig braten, das vorbereitete Gemüse hinzufügen und unter Umwenden 1 Minute mitbraten. • Den Maisgrieß einstreuen und ebenfalls 1 Minute mitbraten. • Die Bouillon und die Gewürze unterrühren und alles zugedeckt 25 Minuten sacht kochen lassen. • Die Tomaten mit kochendheißem Wasser überbrühen, häuten und grob würfeln. • Den Topf nach Ende der Garzeit vom Herd nehmen und die Tomaten mit den Kräutern daruntermischen. Mit dem Cayennepfeffer abschmecken.

Gemüsetöpfe mit Schweinefleisch

Für Freunde exotischer und heimischer Küche

Kreolentopf

im Bild links

- 500 g Schweinenacken ohne Knochen
- 2 Zwiebeln
- 2 Knoblauchzehen
- 2 Eßl. Sonnenblumenöl
- je 1 Messerspitze Cayennepfeffer und getrockneter Majoran
- 1 Lorbeerblatt
- 2 Messerspitzen Salz
- 1 Prise frisch gemahlener weißer Pfeffer
- ½ l Rinderbouillon
- 1 Bund Suppengrün
- 2 rote Paprikaschoten
- 2 säuerliche Äpfel
- ¼ l trockener Weißwein
- 125 g Langkornreis
- 200 g blaue Weintrauben
- 2 Pfirsiche
- 250 g Maiskörner aus der Dose

Gelingt leicht

Pro Person etwa 2500 kJ/
600 kcal · 33 g Eiweiß
16 g Fett · 72 g Kohlenhydrate

Zubereitungszeit: 1 Stunde

Das Fleisch waschen, abtrocknen und würfeln. • Die Zwiebeln und die Knoblauchzehen schälen und würfeln. • Das Fleisch in dem Öl braun anbraten, die Zwiebeln und den Knoblauch 1 Minute mitbraten. • Die Gewürze und ⅛ l Bouillon dazugeben und alles zugedeckt bei schwacher Hitze 30 Minuten kochen lassen. • Das Suppengrün putzen und streifig schneiden. Die Paprikaschoten waschen, putzen und ebenfalls in Streifen schneiden. • Die Äpfel schälen, vierteln, entkernen und in Scheiben schneiden. • Das Gemüse, die Äpfel, die übrige Bouillon, den Wein und den Reis unter das Fleisch mischen und zugedeckt in weiteren 15 Minuten bei schwacher Hitze garen. • Die Weintrauben waschen, halbieren und entkernen. Die Pfirsiche häuten, entsteinen und in Scheiben schneiden. • Das Obst mit den Maiskörnern unter den Eintopf mischen und 5 Minuten ziehen lassen.

Bäuerlicher Möhreneintopf

im Bild rechts

Zutaten für 6 Personen:

- 700 g magerer Schweinebauch
- 1 Zwiebel
- 2 Gewürznelken
- 2 Lorbeerblätter
- 1 Teel. Salz
- ¼ Teel. frisch gemahlener schwarzer Pfeffer
- 750 g Möhren
- 1 kg Kartoffeln
- 2 Eßl. frisch gehackte Petersilie

Gelingt leicht • Preiswert

Pro Person etwa 2500 kJ/
600 kcal · 21 g Eiweiß
43 g Fett · 33 g Kohlenhydrate

Vorbereitungszeit: 30 Minuten
Garzeit: 1¼ Stunden

Das Fleisch waschen und in ½ l kaltem Wasser zum Kochen bringen. • Die Zwiebel schälen, mit den Nelken bestekken und mit den Lorbeerblättern, dem Salz und dem Pfeffer zum Fleisch geben. Alles zugedeckt 1 Stunde schwach kochen lassen. • Die Möhren und die Kartoffeln schälen und waschen. Die Möhren in etwa 2 cm dicke Scheiben, die Kartoffeln in etwa 2 cm große Würfel schneiden. • Die Möhren und die Kartoffeln nach 1 Stunde Garzeit zum Fleisch geben und in weiteren 15 Minuten im Eintopf garen. • Das Fleisch in Würfel oder Scheiben schneiden, wieder in den Eintopf geben, diesen noch einmal abschmecken und mit der Petersilie bestreut servieren.

Baeckeoffe

Ein Gericht aus dem Bäckerofen, wie der alemannische Name sagt

Zutaten für 6 Personen:
je 350 g Schweinenacken, Hammelfleisch und Rinderbrust ohne Knochen
4 Schalotten
2 Knoblauchzehen
1 Bund Petersilie
1 Zweig Thymian
2 Lorbeerblätter
½ Teel. frisch gemahlener schwarzer Pfeffer
½ l trockener elsässischer Weißwein (Riesling oder Pinot blanc)
250 g Zwiebeln
700 g Kartoffeln
1 Teel. Salz
1 Bund Petersilie

Spezialität aus dem Elsaß

Pro Person etwa 3200 kJ/ 760 kcal · 53 g Eiweiß 38 g Fett · 30 g Kohlenhydrate

Vorbereitungszeit: 30 Minuten
Marinierzeit: 24 Stunden
Garzeit: 2½ Stunden

Das Fleisch waschen, abtrocknen und in etwa 3 cm große Würfel schneiden. • Die Schalotten schälen und in Ringe schneiden. Die Knoblauchzehen schälen und hacken. • Die Kräuter waschen, trockentupfen und mit den Lorbeerblättern zusammenbinden. • Das Fleisch mit den Schalotten, dem Knoblauch, dem Kräutersträußchen, dem Pfeffer und dem Wein in einer Schüssel mischen und zugedeckt 24 Stunden im Kühlschrank marinieren lassen. • Den Backofen auf 220° vorheizen. • Die Zwiebeln und die Kartoffeln schälen, die Kartoffeln waschen und beides in Scheiben schneiden. • Die Fleischwürfel, die Zwiebel- und die Kartoffelscheiben in eine feuerfeste Steingutform oder Auflaufform schichten, jede Schicht salzen und mit einer Schicht Kartoffeln abschließen. Die Marinade und eventuell noch etwas Weißwein über den Inhalt gießen, die Form gut verschließen und in 2½ Stunden im Backofen garen. • Die Petersilie waschen, trockentupfen, hacken und über den Eintopf streuen. Den Baeckeoffe in der Form servieren.

Gemüsetöpfe nach Bäuerinart

Bohnen und Rüben sind klassische Eintopfzutaten

Steckrübeneintopf

im Bild links

- 400 g durchwachsener geräucherter Bauchspeck
- 1½ kg Steckrüben
- 1 Zwiebel
- 2 Eßl. Schweineschmalz
- ¼ l Rinderbouillon
- 500 g Kartoffeln
- ¼ Teel. Kümmel
- ½ Teel. Salz
- 1 Prise Zucker

Gelingt leicht • Preiswert

Pro Person etwa 2700 kJ/
630 kcal · 12 g Eiweiß
58 g Fett · 17 g Kohlenhydrate

Zubereitungszeit: 1 Stunde

In einem großen Topf ½ l Wasser zum Kochen bringen, den Speck hineinlegen und bei schwacher Hitze 30 Minuten leicht kochen lassen. • Von den Rüben die holzigen Teile oben und unten abschneiden. Die Rüben schälen, dann am besten mit der Brotmaschine in gleichmäßig dicke Scheiben schneiden. Die Scheiben waschen, trockentupfen und in Stifte schneiden. • Die Zwiebel schälen und hacken. • Das Schmalz in einem großen Topf erhitzen, die Zwiebel darin glasig braten, die Rübenstifte hinzufügen und unter Umwenden etwa 2 Minuten mitbraten. • Den Speck auf das Gemüse legen, die Speckbrühe wegschütten. Die Bouillon dazugießen, alles erneut zum Kochen bringen und zugedeckt bei schwacher Hitze 15 Minuten kochen lassen. • Die Kartoffeln schälen, waschen, würfeln, zum Gemüse geben und in 20 Minuten darin garen. 10 Minuten vor Ende der Garzeit den Kümmel unter den Eintopf mischen. • Den Speck aus dem Topf nehmen und würfeln. Den Eintopf mit dem Salz und dem Zucker abschmecken, anrichten und mit den Speckwürfeln bestreuen.

Eintopf aus dicken Bohnen

im Bild rechts

Zutaten für 6 Personen:

- 400 g durchwachsener geräucherter Bauchspeck
- 1 kg dicke Bohnen mit Hülsen
- 4 Frühlingszwiebeln
- 350 g Möhren
- 600 g Kartoffeln · ½ Teel. Salz
- 2 Messerspitzen frisch gemahlener schwarzer Pfeffer
- 1 Eßl. Butter · 1 Eßl. Mehl
- 1 Prise Zucker · 1 Eßl. Essig
- 1 Bund krause Petersilie

Gelingt leicht • Preiswert

Pro Person etwa 2400 kJ/
570 kcal · 13 g Eiweiß
45 g Fett · 30 g Kohlenhydrate

Vorbereitungszeit: 30 Minuten
Garzeit: 1¼ Stunden

Den Speck mit ¾ l kaltem Wasser übergießen, zum Kochen bringen und 45 Minuten leicht kochen lassen. • Die dicken Bohnen aus den Hülsen lösen, abbrausen und in einem Sieb abtropfen lassen. • Die Frühlingszwiebeln und die Möhren putzen, waschen und in Scheiben schneiden. • Die Kartoffeln schälen, waschen und würfeln. • Die Bohnen, die Frühlingszwiebeln, die Kartoffeln, das Salz und den Pfeffer zum Speck geben und zugedeckt bei schwacher Hitze weitere 30 Minuten kochen lassen. • Den Speck dann aus dem Gemüse nehmen und warm stellen. • Die Butter mit dem Mehl zu einem Kloß verkneten, unter das Gemüse rühren und die Flüssigkeit damit leicht binden. • Den Eintopf mit dem Zucker, dem Essig und nach Bedarf noch mit etwas Salz und Pfeffer abschmecken. • Die Petersilie waschen, trockentupfen, hacken und unter den Eintopf mischen. • Das Gericht in eine Terrine füllen. Den Speck in Scheiben schneiden und auf dem Eintopf anrichten.

Eintöpfe mit Hülsenfrüchten

Wohlschmeckende Spezialitäten aus anderen Ländern

Schwedischer Erbseneintopf

im Bild links

400 g getrocknete gelbe Erbsen
2 Zwiebeln · 2 kleine Möhren
600 g mageres gepökeltes Schweinefleisch (dickes Eisbein oder Bauchfleisch)
je 2 Zweige frischer Thymian und Majoran
½ Teel. Salz · 1 Bund Petersilie

Gelingt leicht • Preiswert

Pro Person etwa 2900 kJ/ 690 kcal · 28 g Eiweiß
55 g Fett · 18 g Kohlenhydrate

Quellzeit: 12 Stunden
Vorbereitungszeit: 30 Minuten
Garzeit: 1½ Stunden

Die Erbsen waschen und 12 Stunden in 1 l kaltem Wasser einweichen. • Die Erbsen im Einweichwasser im offenen Topf bei schwacher Hitze 1½ Stunden kochen lassen; von Zeit zu Zeit den sich bildenden Schaum abschöpfen. • Die Zwiebeln schälen und hacken. Die Möhren schälen, waschen und würfeln. • Das Fleisch waschen, mit den Zwiebeln, den Möhren, dem Thymian und dem Majoran nach 30 Minuten Kochzeit zu den Erbsen geben und alles zugedeckt 1 weitere Stunde kochen lassen. • 15 Minuten vor Ende der Garzeit den Eintopf mit dem Salz abschmecken. • Die Petersilie waschen, trockentupfen und hakken. • Das Fleisch würfeln, unter den angerichteten Eintopf mischen und mit der Petersilie bestreuen.

Bostoner Bohneneintopf

im Bild rechts

500 g getrocknete weiße Bohnen
125 g Zwiebeln
1 Eßl. Öl
2 Eßl. Ahornsirup oder Akazienhonig · 2 Eßl. Zucker
1 Teel. Senfpulver
500 g durchwachsenes gepökeltes Schweinefleisch
2 Lorbeerblätter
1 Messerspitze frisch gemahlener schwarzer Pfeffer
2 Messerspitzen Salz
125 g Möhren
½ Bund Petersilie

Spezialität aus den USA
Braucht etwas Zeit

Pro Person etwa 2400 kJ/ 570 kcal · 21 g Eiweiß
48 g Fett · 13 g Kohlenhydrate

Quellzeit: 12 Stunden
Vorbereitungszeit: 30 Minuten
Garzeit: 3½ Stunden

Die Bohnen waschen und in 1 l Wasser 12 Stunden einweichen. • Die Bohnen dann im offenen Topf im Einweichwasser bei schwacher Hitze 1 Stunde kochen lassen, dabei öfter den sich bildenden Schaum abschöpfen. • Die Zwiebeln schälen und würfeln. • Das Öl in einer möglichst hohen feuerfesten Form erhitzen und die Zwiebeln darin glasig braten. Den Ahornsirup oder den Honig, den Zucker und das Senfpulver unterrühren. • Die Bohnen mit einem Schaumlöffel aus dem Kochwasser heben und mit den Zwiebeln mischen. • Den Backofen auf 175° vorheizen. • Das Fleisch in Scheiben schneiden und mit den Lorbeerblättern auf die Bohnen legen. Den Pfeffer und das Salz darüber streuen und so viel vom Bohnenkochwasser dazugießen, daß alles davon bedeckt ist. • Die Form gut verschließen und den Eintopf im Backofen 1¾ Stunden schmoren lassen. • Die Möhren schälen, waschen, würfeln, unter die Bohnen mischen und alles in weiteren 45 Minuten garen. • Die Petersilie waschen, trockentupfen, hakken, über die Bohnen streuen und diese in der Form servieren.

Kräftige Mahlzeiten mit Bohnen und Linsen

Sie lassen sich gut vorbereiten für eine Mitternachtsstärkung

Weiße Bohnen mit Lammhackfleisch

im Bild links

400 g getrocknete weiße Bohnen
250 g Zwiebeln
250 g Tomaten
1 rote Paprikaschote
2 Eßl. Butter · 1 Eßl. Keimöl
300 g Lammhackfleisch
2 Eßl. Tomatenmark
⅛ l Rinderbouillon
je ½ Teel. Salz und frisch gemahlener schwarzer Pfeffer
2 Teel. Paprikapulver, scharf

Spezialität aus der Türkei

Pro Person etwa 900 kJ/
210 kcal · 20 g Eiweiß
9 g Fett · 13 g Kohlenhydrate

Quellzeit: 12 Stunden
Vorbereitungszeit: 30 Minuten
Garzeit: 1½ Stunden

Die Bohnen in stehendem Wasser waschen, verlesen und mit frischem Wasser bedeckt 12 Stunden quellen lassen. • Die Bohnen dann im Einweichwasser zugedeckt 1¼ Stunden bei schwacher Hitze kochen lassen. • Die Zwiebeln schälen und hakken. • Die Tomaten mit kochendheißem Wasser überbrühen, häuten und kleinschneiden. • Die Paprikaschote waschen, putzen und in Streifen schneiden. • Die Butter mit dem Öl in einem großen Schmortopf erhitzen, das Hackfleisch unter Umwenden darin anbraten. Die Zwiebeln untermischen und und glasig braten. • Die Tomatenstücke und die Schotenstreifen dazugeben und zugedeckt 5 Minuten bei schwacher Hitze kochen lassen. • Das Tomatenmark, die Bouillon und die Gewürze unterrühren. Die Bohnen mit dem Schaumlöffel aus dem Kochwasser heben, etwas abtropfen lassen, zum Gemüse geben und alles in weiteren 15 Minuten fertiggaren. • Den Eintopf vor dem Servieren noch einmal kräftig abschmecken.

Linseneintopf mit Gänsekeulen

im Bild rechts

300 g Linsen
4 Gänsekeulen zu je 350 g
½ Teel. Salz
¼ Teel. frisch gemahlener schwarzer Pfeffer
3 Zweige Thymian
2 Eßl. Gänseschmalz
¼ l trockener Rotwein
2 große Möhren
½ Sellerieknolle
2 Stangen Lauch
2 Eßl. gehackte Petersilie

Etwas teurer

Pro Person etwa 3200 kJ/
760 kcal · 99 g Eiweiß
13 g Fett · 50 g Kohlenhydrate

Vorbereitungszeit: 30 Minuten
Garzeit: 1¼ Stunden

Die Linsen in stehendem Wasser waschen und schlechte abschöpfen, dann in frischem Wasser stehenlassen. • Den Backofen auf 200° vorheizen. • Die Gänsekeulen waschen, abtrocknen und mit dem Salz, dem Pfeffer und den gehackten Thymianblättern einreiben. • Das Schmalz in einem Schmortopf erhitzen, die Gänsekeulen von allen Seiten kräftig darin anbraten und das Fett abschöpfen. Mit dem Rotwein ablöschen und zugedeckt im Backofen 30 Minuten schmoren lassen. • Die Möhren und den Sellerie schälen, waschen und würfeln. • Den Lauch putzen, waschen und in Ringe schneiden. • Die Gänsekeulen aus dem Topf nehmen. Die Linsen mit dem Wasser und dem Gemüse in den Topf geben, die Keulen darauf legen und alles zugedeckt 35 Minuten im Backofen garen. Dann die Gänsekeulen offen in weiteren 10 Minuten bräunen lassen. • Wenn nötig, noch etwas Wein oder Wasser nachfüllen. • Den Eintopf mit der Petersilie bestreuen.

Birnen, Bohnen und Speck

Eine Spezialität aus der Hamburger Gegend

375 g durchwachsener Speck	
750 g Brechbohnen	
1 Bund frisches Bohnenkraut	
500 g kleine Kochbirnen	
1 Teel. Speisestärke	
½ Teel. Salz	
¼ Teel. frisch gemahlener weißer Pfeffer	
1 Eßl. gehackte Petersilie	

Gelingt leicht • Preiswert

Pro Person etwa 3000 kJ/ 710 kcal · 14 g Eiweiß
62 g Fett · 25 g Kohlenhydrate

Vorbereitungszeit: 30 Minuten
Garzeit: 1½ Stunden

Den Speck in ½ l kaltem Wasser zum Kochen bringen und zugedeckt bei schwacher Hitze 1 Stunde leicht kochen lassen. • Die Bohnen waschen, putzen, eventuell von den Fäden befreien und in etwa 3 cm lange Stücke brechen. • Die Bohnen mit dem Bohnenkraut zum Speck geben und 10 Minuten leicht kochen lassen. • Die Birnen waschen, von den Blütenansätzen befreien, im Ganzen zu den Bohnen geben und alles in weiteren 20 Minuten garen. • Die Birnen und den Speck aus dem Topf nehmen. • Die Speisestärke mit wenig kaltem Wasser anrühren, das Gemüse damit binden und mit dem Salz und dem Pfeffer würzen. • Den Speck in Scheiben schneiden und diese mit den Birnen im Gemüse erhitzen. • Den Eintopf anrichten und mit der Petersilie bestreuen. Dazu passen Salzkartoffeln.

Unser Tip: Für diesen Eintopf eignen sich Bergamottebirnen besonders gut.

Bohnentopf mit Lammfleisch

Bohnen und Lamm sind weltweit eine beliebte Zusammenstellung

150 g getrocknete rote Bohnen	
150 g getrocknete weiße Bohnen	
600 g ausgelöster Lammnacken	
2 Zwiebeln	
2 Knoblauchzehen	
750 g Tomaten	
6 Eßl. Olivenöl	
¼ l Rotwein	
je ¼ Teel. Salz und frisch gemahlener schwarzer Pfeffer	
½ Teel. getrocknete Korianderblätter	
½ Teel. getrockneter Majoran	
300 g breite grüne Bohnen	

Gelingt leicht
Braucht etwas Zeit

Pro Person etwa 2400 kJ/ 570 kcal · 33 g Eiweiß
36 g Fett · 18 g Kohlenhydrate

Quellzeit: 12 Stunden
Vorbereitungszeit: 30 Minuten
Garzeit: 1¾ Stunden

Die Bohnen waschen und von kaltem Wasser bedeckt 12 Stunden einweichen. • Die Bohnen dann im Einweichwasser in 45 Minuten bei schwacher Hitze garen. • Das Fleisch waschen, abtrocknen und in etwa 3 cm große Würfel schneiden. • Die Zwiebeln und die Knoblauchzehen schälen und fein hacken. • Die Tomaten überbrühen, häuten, zerschneiden und durch ein Haarsieb streichen. • Das Öl in einem großen Schmortopf erhitzen und die Fleischwürfel darin kräftig anbraten. Die Zwiebeln und den Knoblauch hinzufügen und glasig braten. • Mit dem Tomatenpüree und dem Rotwein ablöschen, die Gewürze untermischen und alles zugedeckt bei mittlerer Hitze 30 Minuten schmoren lassen. • Die grünen Bohnen waschen, putzen, in Stücke brechen und mit den Bohnen und deren Kochwasser zum Fleisch geben. • Alles in weiteren 30 Minuten garen. • Frisches Landbrot zum Eintopf servieren.

Finnischer Pfeffertopf

Besonders reizvoll durch verschiedene Fleischsorten

Zutaten für 6 Personen:
300 g magere Rinderkeule
300 g Schweinefilet
300 g mageres Lammfleisch
150 g Möhren
2 Stangen Lauch
1 Eßl. Butter
8–12 schwarzer Pfefferkörner
10 Pimentkörner
3 Lorbeerblätter
1 Teel. Salz
1 kg Kartoffeln
2 Messerspitzen frisch
gemahlener schwarzer Pfeffer

Spezialität
Braucht etwas Zeit

Pro Person etwa 1600 kJ/
380 kcal · 34 g Eiweiß
15 g Fett · 29 g Kohlenhydrate

Vorbereitungszeit: 30 Minuten
Garzeit: 2½ Stunden

Das Fleisch waschen, abtrocknen und in etwa 3 cm große Würfel schneiden. • Die Möhren schälen, waschen und in Scheiben schneiden. • Den Lauch putzen, gründlich waschen und ebenfalls in Ringe schneiden. • Den Backofen auf 200° vorheizen. • Eine hohe feuerfeste Form mit der Butter ausstreichen. Die Hälfte der Fleischwürfel in die Form geben und das Gemüse darauf verteilen. • Die Pfefferkörner im Mörser grob zerstoßen und mit den Pimentkörnern, den Lorbeerblättern und Salz auf dem Gemüse verteilen. Das restliche Fleisch darauf anordnen. • ½ bis ¾ l Wasser zum Kochen bringen und so viel davon in die Form gießen, daß der Inhalt knapp bedeckt ist. • Die Form mit einem Deckel oder mit Alufolie verschließen und den Pfeffertopf im Backofen 1½ Stunden schmoren lassen. • Die Kartoffeln schälen, waschen und in Scheiben schneiden. Die Kartoffelscheiben nach 1½ Stunden auf das Fleisch legen, mit etwas Salz und dem Pfeffer bestreuen und in der offenen Form in 1 weiteren Stunde garen. • Den Pfeffertopf in der Form servieren.

Kartoffeleintopf mit Pilzen

Der typische Geschmack von Steinpilzen verleiht die köstliche Würze

- 10 g getrocknete Steinpilze
- 1 Bund Suppengrün
- 500 g mehligkochende Kartoffeln
- 100 g Buchweizenkörner
- 50 g rote Linsen
- 1 Eßl. gekörnte Gemüsebrühe
- je 1 Zweig Thymian und Majoran
- je 1 Messerspitze frisch gemahlener schwarzer Pfeffer, Koriander und Kümmel
- Meersalz nach Geschmack
- 100 g Crème fraîche
- 2 Eßl. frisch gehackte Petersilie

Vollwertrezept
Gelingt leicht

Pro Person etwa 1400 kJ/ 330 kcal · 10 g Eiweiß
13 g Fett · 46 g Kohlenhydrate

Quellzeit: 2 Stunden
Zubereitungszeit: 45 Minuten

Die Pilze in 1 l Wasser einmal aufkochen und zugedeckt 2 Stunden quellen lassen. • Die Pilze dann mit einem Schaumlöffel aus dem Wasser heben, in kleine Stücke schneiden und ins Quellwasser zurückgeben. • Das Suppengrün waschen, putzen und würfeln. • Die Kartoffeln schälen, waschen und nicht zu klein würfeln. • Das Suppengrün, die Kartoffelwürfel, den Buchweizen, die Linsen und die gekörnte Gemüsebrühe zu den Pilzen ins Quellwasser geben und alles zugedeckt bei schwacher Hitze in etwa 20 Minuten garen. Die Buchweizenkörner müssen weich und die Kartoffeln gar sein. • Den Eintopf mit den Kräutern, den Gewürzen und eventuell mit etwas Salz abschmecken und vom Herd nehmen. • Den Eintopf mit der Crème fraîche verrühren (oder als Klacks auf jeden Teller setzen), anrichten und mit der Petersilie bestreuen.

Unser Tip: Mit frischen Steinpilzen wird dieser Eintopf zu einer Delikatesse!

Hirsetopf mit Gemüse

Hirse ist eine Getreideart, die besonders hochwertige Inhaltsstoffe liefert

- 2 Stangen Lauch
- 3 Fenchelknollen
- 2 rote Paprikaschoten
- je 2 Eßl. Sesamöl und Butter
- 100 g Hirse
- 1 l Gemüsebouillon
- 2 Zweige Rosmarin
- 40 g frisch geriebener Parmesankäse
- 1 Prise Cayennepfeffer
- Meersalz nach Geschmack

Vollwertrezept
Gelingt leicht

Pro Person etwa 1200 kJ/ 290 kcal · 12 g Eiweiß
13 g Fett · 21 g Kohlenhydrate

Vorbereitungszeit: 30 Minuten
Garzeit: 30 Minuten

Den Lauch längs halbieren, waschen, von den Wurzelenden und den dunkelgrünen Blättern befreien und in etwa ½ cm dicke Scheibchen schneiden. • Die Fenchelknollen längs vierteln, waschen, putzen und in etwa ½ cm breite Streifen schneiden. • Die Paprikaschoten vierteln, von Stielansätzen, Rippen und Kernen befreien, waschen, abtrocknen und ebenfalls in Streifen schneiden. • Das Öl und die Butter in einem großen Schmortopf erhitzen. Die Hirse bei schwacher Hitze darin 3 Minuten anbraten, das Gemüse hinzufügen, unter Umwenden weitere 5 Minuten mitbraten, die Bouillon angießen und alles zugedeckt in 20 bis 25 Minuten bei schwacher Hitze garen. Die Garzeit richtet sich nach der Qualität der Hirse. • Den Rosmarin abbrausen, die Nadeln abzupfen und hakken. • Den Eintopf vom Herd nehmen, den Rosmarin und den Käse unterrühren und das Gericht mit dem Cayennepfeffer und eventuell mit etwas Salz abschmecken.

Schmackhafte Eintöpfe, nicht alltäglich

Überraschende Mischungen, die man einmal probieren sollte

Kürbis-Kartoffel-Topf

im Bild links

- 1 große Zwiebel
- 1 Stange Lauch
- 500 g Kartoffeln
- 400 g geräuchertes Kasseler ohne Knochen
- ¾ l Hühnerbouillon
- 2 Eßl. Butter · ½ Teel. Salz
- 1 Prise getrockneter Majoran
- 300 g Schmorgurken
- 500 g süß-sauer eingelegter Kürbis
- 1 Teel. Currypulver
- ½ Teel. frisch gemahlener weißer Pfeffer · 2 Zweige Dill
- 100 g Crème fraîche

Preiswert • Gelingt leicht

Pro Person etwa 2300 kJ/
550 kcal · 28 g Eiweiß
34 g Fett · 35 g Kohlenhydrate

Vorbereitungszeit: 30 Minuten
Garzeit: 25 Minuten

Die Zwiebel schälen und fein würfeln. • Den Lauch vom Wurzelende und den dunkelgrünen Blattspitzen befreien, gründlich waschen und in Streifen schneiden. • Die Kartoffeln schälen, waschen und würfeln. • Das Kasseler in etwa 2 cm große Würfel schneiden. • Die Bouillon erhitzen. • Die Butter zerlassen und die Zwiebel darin glasig braten. • Den Lauch, die Kartoffeln, das Kasseler, die Bouillon, das Salz und den Majoran hinzufügen und alles bei schwacher Hitze zugedeckt 15 Minuten kochen lassen. • Die Gurken schälen, längs halbieren, die Kerne herausschaben und die Gurkenhälften in Scheiben schneiden. • Die Kürbiswürfel abtropfen lassen und eventuell halbieren. • Die Gurkenscheiben, die Kürbiswürfel, den Curry und den Pfeffer unter die Kartoffeln mischen und den Eintopf in weiteren 10 Minuten garen. • Den Dill abbrausen, trockentupfen und die Blättchen von den Stielen zupfen. • Den Eintopf anrichten, die Crème fraîche darüberfüllen und diese mit dem Dill bestreuen.

Vegetarischer Rosenkohleintopf

im Bild rechts

- 1 kg Rosenkohl
- 500 g Zwiebeln
- 500 g Möhren
- 3 kleine Steckrüben
- 0,2 l Gemüsebouillon
- 50 g Butter
- 1 Zweig Thymian
- 1 Lorbeerblatt · 1 Teel. Salz
- ½ Teel. frisch gemahlener schwarzer Pfeffer
- 1 gehäufter Eßl. Mehl
- 1 Bund Petersilie

Preiswert • Gelingt leicht

Pro Person etwa 1200 kJ/
290 kcal · 17 g Eiweiß
12 g Fett · 28 g Kohlenhydrate

Vorbereitungszeit: 30 Minuten
Garzeit: 20 Minuten

Den Rosenkohl putzen, waschen und abtropfen lassen. • Die Zwiebeln schälen und fein würfeln. • Die Möhren und die Steckrüben schälen, waschen und würfeln. • Die Bouillon erhitzen. • Die Hälfte der Butter zerlassen, die Zwiebeln darin glasig braten. Das übrige vorbereitete Gemüse dazugeben und 2 bis 3 Minuten unter Umwenden mitbraten. • Den Thymian vom Stiel streifen und mit dem Lorbeerblatt, dem Salz, dem Pfeffer und der Bouillon unter das Gemüse mischen und zugedeckt bei schwacher Hitze 15 Minuten leicht kochen lassen. • Das Mehl mit der restlichen Butter verkneten, in den Eintopf rühren und diesen noch einmal abschmecken. • Die Petersilie waschen, von den groben Stielen befreien, fein hacken und vor dem Servieren über den Eintopf streuen.

Leichte Gemüseeintöpfe

Die Gemüsemischung sollte der Jahreszeit entsprechen

Italienischer Gemüseeintopf

im Bild links

2 große Zwiebeln · 1 kleine
Aubergine · 300 g Zucchini
500 g Fleischtomaten
1 gelbe Paprikaschote
2 Stangen Staudensellerie
4 Knoblauchzehen
4 Eßl. Olivenöl · ½ Teel. Salz
¼ Teel. frisch gemahlener
schwarzer Pfeffer
1 Zweig Thymian
2 Zweige Oregano
einige Rosmarinnadeln
¼ l Rotwein (Chianti classico)
knapp ½ l Gemüsebouillon

Preiswert • Gelingt leicht

Pro Person etwa 880 kJ/
210 kcal · 5 g Eiweiß
9 g Fett · 15 g Kohlenhydrate

Vorbereitungszeit: 50 Minuten
Garzeit: 30 Minuten

Die Zwiebeln schälen und fein würfeln. • Die Aubergine und die Zucchini waschen, abtrocknen, vom Stengelansatz befreien und in etwa 2 cm große Würfel schneiden. • Die Tomaten überbrühen, häuten und achteln. • Die Paprikaschote und den Sellerie waschen, abtrocknen und putzen. Die Schote in schmale Streifen, den Sellerie in dünne Scheibchen schneiden. • Die Knoblauchzehen schälen. • Das Öl in einem großen Topf erhitzen, die Zwiebeln darin glasig braten und den Knoblauch durch die Presse dazudrücken. • Die Hitze reduzieren, die Auberginen- und die Zucchiniwürfel 2 Minuten mitbraten. Das übrige Gemüse hinzufügen, mit dem Salz, dem Pfeffer, den Thymian- und den Oreganoblättchen sowie mit dem Rosmarin würzen. • Den Wein und die Bouillon dazugießen und alles zugedeckt bei schwacher Hitze in 20 bis 25 Minuten garen.

Gurkeneintopf mit Kalbsklößchen

im Bild rechts

4 Eßl. weiche Butter
150 g Kalbsbrät
50 g Semmelbrösel
1 Ei · ½ Bund gehackter Dill
abgeriebene Schale von
1 ungespritzten Zitrone
½ Teel. Salz · ¼ Teel. frisch
gemahlener weißer Pfeffer
2 Messerspitzen frisch geriebene
Muskatnuß
1 große Zwiebel · 3 Salatgurken
5 Eßl. Crème fraîche
knapp ¾ l Gemüsebouillon
1 Prise Cayennepfeffer
Saft von ½ Zitrone

Etwas schwierig

Pro Person etwa 1600 kJ/
380 kcal · 12 g Eiweiß
29 g Fett · 19 g Kohlenhydrate

Vorbereitungszeit: 45 Minuten
Garzeit: 30 Minuten

Die Hälfte der Butter mit dem Kalbsbrät, den Semmelbröseln, dem Ei, der Hälfte des Dills, der Zitronenschale, je 2 Prisen Salz und Pfeffer und dem Muskat verkneten und walnußgroße Klößchen daraus formen. • Etwa 1 l Salzwasser zum Sieden bringen, die Klößchen 10 Minuten darin ziehen lassen, herausnehmen und abtropfen lassen. • Die Zwiebel schälen und fein hakken. • Die Gurken schälen, längs halbieren und ohne die Kerne in 1 cm dicke Scheiben schneiden. • Die restliche Butter in einem großen Topf zerlassen, die Zwiebel darin glasig braten, dann die Gurkenscheiben 3 Minuten mitbraten. • Die Crème fraîche und die Bouillon untermischen und alles zugedeckt 20 Minuten sacht kochen lassen. • Den Eintopf mit dem restlichen Salz und Pfeffer, dem Cayennepfeffer und dem Zitronensaft abschmecken, die Klößchen darin erwärmen und mit dem übrigen Dill bestreuen.

Würzige Gemüsemahlzeiten

Frische Kräuter und Sprossen verleihen diesen Eintöpfen die besondere Note

Zucchinieintopf

im Bild links

- 1 Zwiebel
- 300 g Kasseler ohne Knochen
- 600 g Zucchini
- 3 mittelgroße Möhren
- 1 Eßl. Olivenöl
- ¾ l Rinderbouillon
- 2 Zweige Oregano
- 1 Zweig Thymian · ¼ Teel. Salz
- ½ Teel. frisch gemahlener schwarzer Pfeffer

Preiswert • Schnell

Pro Person etwa 1100 kJ/ 260 kcal · 20 g Eiweiß 16 g Fett · 10 g Kohlenhydrate

Zubereitungszeit: 45 Minuten

Die Zwiebel schälen und fein hacken. • Das Kasseler in 1 cm große Würfel schneiden. • Die Zucchini waschen, abtrocknen, von den Stengelansätzen befreien und in etwa 3 cm große Würfel schneiden. • Die Möhren schälen und waschen. • Das Öl in einem großen Topf erhitzen, die Zwiebel darin glasig braten, das Kasseler hinzufügen und kurz mitbraten. • Die Zucchini untermischen und die Möhren direkt in den Topf raspeln. • Die Bouillon dazugießen und alles zugedeckt bei schwacher Hitze 20 Minuten leicht kochen lassen. • Die Kräuter waschen, trockentupfen, die Blättchen von den Stengeln zupfen und etwas kleinschneiden. • Den Eintopf mit dem Salz und dem Pfeffer abschmecken, anrichten und mit den Kräutern bestreuen. Dazu helles Bauernbrot servieren.

Eintopf mit Chinakohl

im Bild rechts

- 25 g Tongu-Pilze
- 1 große Zwiebel
- 1 kleines Stück Ingwerwurzel, etwa 2 cm
- 1 kleiner Chinakohl, etwa 400 g
- 2 Knoblauchzehen
- 150 g Sojasprossen
- 2 Eßl. Butterschmalz
- knapp 1 l Hühnerbouillon
- 1 Teel. Salz
- ¼ Teel. frisch gemahlener weißer Pfeffer
- 4 Eßl. trockener Sherry
- 3 Frühlingszwiebeln
- 200g Weißbrot · 2 Eßl. Butter

Preiswert • Gelingt leicht

Pro Person etwa 1400 kJ/ 330 kcal • 11 g Eiweiß 19 g Fett • 32 g Kohlenhydrate

Zubereitungszeit: 1 Stunde

Die Tongu-Pilze mit kochendem Wasser überbrühen und 30 Minuten quellen lassen. • Die Zwiebel und die Ingwerwurzel schälen und fein hacken. • Den Chinakohl putzen, vierteln und in Streifen schneiden. Die Kohlstreifen waschen und gut abtropfen lassen. • Die Knoblauchzehen schälen. • Die Pilze trockentupfen, von den Stielen befreien und in feine Streifen schneiden. • Das Butterschmalz in einem großen Schmortopf erhitzen, die Zwiebel und den Ingwer darin glasig braten und den Knoblauch durch die Presse dazudrücken. • Die Sojasprossen kleinschneiden. • Die Pilze zu der Zwiebel geben. Den Chinakohl und die Sojasprossen ebenfalls untermischen, unter Umwenden kurz mitbraten, mit der Bouillon aufgießen und alles zugedeckt bei schwacher Hitze 20 Minuten leicht kochen lassen. • Den Gemüsetopf mit Salz, dem Pfeffer und dem Sherry abschmecken. • Die Frühlingszwiebeln putzen, waschen, abtrocknen und in sehr feine Ringe schneiden. • Das Weißbrot würfeln und in der Butter hell anbraten. Den Eintopf anrichten und mit den Zwiebelringen und den Brotwürfeln bestreuen.

Eintöpfe mit Getreide und Hülsenfrüchten

Preiswerte Mahlzeiten, die auf gesunde Weise sättigen

Kichererbsentopf mit Naturreis

im Bild links

100 g Kichererbsen
1 l ungesalzene Gemüsebouillon
1 Lorbeerblatt
1 Eßl. gekörnte Gemüsebrühe
100 g Naturreis
1 Messerspitze Meersalz
500 g Lauch
50 g Butter

Vollwertrezept
Gelingt leicht

Pro Person etwa 940 kJ/ 220 kcal · 6 g Eiweiß 11 g Fett · 27 g Kohlenhydrate

Quellzeit: 12 Stunden
Zubereitungszeit: 50 Minuten

Die Kichererbsen in der Bouillon oder in der gleichen Menge Wasser zugedeckt etwa 12 Stunden quellen lassen. • Die Kichererbsen danach in der Quellflüssigkeit mit dem Lorbeerblatt und der gekörnten Brühe zugedeckt bei schwacher Hitze in 45 Minuten garen. • Den Reis gesondert in ⅜ l Wasser mit dem Salz zugedeckt bei schwacher Hitze in 40 Minuten garen. • Den Lauch längs halbieren, gründlich waschen, abtrocknen und in dünne Streifen schneiden. • Die Lauchstreifen in der Butter unter Umwenden 5 Minuten bei schwacher Hitze braten, bis der Lauch beginnt, weich zu werden. • Das Lorbeerblatt aus den Kichererbsen nehmen, den Lauch unter den Eintopf mischen und alles zugedeckt weitere 5 Minuten leicht kochen lassen. • Den Reis abtropfen lassen, unter die Erbsen mischen und den Eintopf eventuell noch mit etwas Meersalz abschmecken.

Gersten-Erbsen-Eintopf

im Bild rechts

80 g entspelzte Gerste oder Gerstengraupen
80 g halbierte getrocknete grüne Erbsen
1 Bund Suppengrün
1 l ungesalzene Gemüsebouillon
0,2 l Sahne
1 Eßl. gekörnte Gemüsebrühe
2 Messerspitzen frisch gemahlener weißer Pfeffer
2–3 Zweige Majoran
1 Bund Petersilie

Vollwertrezept
Gelingt leicht

Pro Person etwa 1000 kJ/ 240 kcal · 5 g Eiweiß 16 g Fett · 20 g Kohlenhydrate

Quellzeit: 12 Stunden
Vorbereitungszeit: 20 Minuten
Garzeit: 45 Minuten

Die Gerste oder die Graupen und die Erbsen in etwa ½ l kaltem Wasser zugedeckt 12 Stunden quellen lassen. • Das Suppengrün putzen, waschen und kleinschneiden. • Das Quellwasser von der Gerste und den Erbsen abgießen und die Gerste und die Erbsen mit dem Gemüse in der Gemüsebouillon zugedeckt in etwa 45 Minuten bei schwacher Hitze garen. • Das Gargut etwas abkühlen lassen und portionsweise mit der Sahne im Mixer fein pürieren; das dauert pro Portion etwa 1 Minute. • Das Püree zurück in den Topf geben, noch einmal erhitzen, aber nicht mehr kochen lassen. Den Eintopf mit der gekörnten Brühe und dem Pfeffer abschmecken. • Die Kräuter abbrausen, trockenschleudern und fein hacken. • Die Kräuter gut untermischen und den Eintopf anrichten.

Gemüse aus dem Tontopf

Der volle Geschmacksreichtum des Gemüses bleibt im Tontopf erhalten

Zutaten für 6 Personen:
- 500 g mageres Schweinefleisch
- ½ kleiner Kopf Blumenkohl
- 1 kleines Stück Sellerieknolle
- 1 Kohlrabiknolle
- 250 g grüne Bohnen
- 1 große Stange Lauch
- 6 Schalotten
- 1 Knoblauchzehe
- 250 g Kartoffeln
- 250 g Möhren
- 300 g gepalte Erbsen
- je 1 Prise frisch geriebene Muskatnuß und Cayennepfeffer
- 1 Teel. Salz
- ¼ l kräftige Rinderbouillon
- 1 Bund gemischte Kräuter wie Liebstöckel, Petersilie, Rosmarin und Thymian

Braucht etwas Zeit

Pro Person etwa 1300 kJ/
310 kcal · 30 g Eiweiß
8 g Fett · 30 g Kohlenhydrate

Vorbereitungszeit: 45 Minuten
Garzeit: 1¼ Stunden

Den Tontopf mit dem Deckel gut 20 Minuten in kaltes Wasser legen, damit der Ton viel Flüssigkeit aufnehmen kann. • Das Fleisch waschen, abtrocknen und würfeln. • Den Blumenkohl in Röschen teilen, die Strünke kürzen, in Stücke schneiden und alle Teile abbrausen und abtropfen lassen. Den Sellerie und die Kohlrabi schälen, waschen und in Stücke schneiden. • Die Bohnen putzen, waschen und in Stücke brechen. Den Lauch waschen, von dem dunklen Grün befreien und in 1 cm breite Ringe schneiden. • Die Schalotten schälen und halbieren. Den Knoblauch schälen und fein hacken. • Die Kartoffeln und die Möhren schälen, waschen und würfeln. • Das vorbereitete Gemüse mit den Erbsen, dem Fleisch, den Gewürzen und der Bouillon in den Tontopf schichten, den Topf schließen und in den kalten Backofen auf die unterste Schiene stellen. • Den Backofen auf 225° schalten und das Gemüse in 1¼ Stunden garen. • Die Kräuter waschen, trockentupfen, fein hacken und vor dem Servieren über den Eintopf streuen.

Umani

Japanischer Eintopf mit Schweinefleisch und verschiedenem Gemüse

3 getrocknete Mu-Err-Pilze
2 Eßl. Sojasauce · 3 Eßl. Sherry
1 Eßl. Zucker · 1 Prise Salz
500 g Schweinelendchen
500 g kleine Kartoffeln
1 Bund Frühlingszwiebeln
2 große Möhren
1 grüne Paprikaschote
200 g Knollensellerie
150 g Bambussprossen
3 Eßl. Keimöl
etwa ⅛ l heiße Hühnerbouillon

Spezialität • Etwas teurer

Pro Person etwa 2000 kJ/ 480 kcal · 31 g Eiweiß 23 g Fett · 31 g Kohlenhydrate

Vorbereitungszeit: 45 Minuten
Garzeit: 15 Minuten

Die Pilze waschen und 15 Minuten in warmem Wasser einweichen. • Die Sojasauce mit 2 Eßlöffeln Wasser, dem Sherry, dem Zucker und dem Salz mischen. • Das Fleisch waschen, abtrocknen, in 1½ cm große Würfel schneiden, mit der Marinade übergießen und zugedeckt ziehen lassen. • Die Kartoffeln schälen, in dünne Scheiben schneiden und trockentupfen. • Die Frühlingszwiebeln putzen, waschen und schräg in 1 cm lange Stücke schneiden. • Die Möhren schaben, quer halbieren, längs einkerben und so in Scheiben schneiden, daß Blütenformen entstehen. • Die Paprikaschote vierteln, in Streifen, den Sellerie und die Bambussprossen in streichholzdünne Stifte schneiden. Das Fleisch trockentupfen, in 2 Eßlöffeln Öl bei starker Hitze 5 Minuten braten und aus der Pfanne nehmen. • Das vorbereitete Gemüse bis auf die Schotenstreifen und die Bambussprossen im übrigen Öl kurz anbraten und vom Herd nehmen. • Die Pilze vierteln, mit 2 Eßlöffeln Einweichwasser, der Fleischmarinade und etwas Bouillon zum Gemüse geben und weitere 10 Minuten dünsten. • Die Schotenstreifen und die Bambussprossen kurz mitschmoren. • Die Fleischwürfel in dem Gemüse erhitzen.

Beliebte Bohnentöpfe

Ob grüne oder getrocknete Bohnen, für beide lassen sich unzählige Rezeptvorschläge finden

Bohnentopf vom Balkan

im Bild rechts

- 800 g Schweinelende
- 2 Fleischtomaten
- 250 g Zwiebeln
- 1 Knoblauchzehe
- 3 Eßl. Butterschmalz
- je ½ Teel. Salz, frisch gemahlener weißer Pfeffer und Zucker
- 500 g breite grüne Bohnen

Spezialität

Pro Person etwa 2100 kJ/ 500 kcal · 42 g Eiweiß 32 g Fett · 14 g Kohlenhydrate

Vorbereitungszeit: 30 Minuten
Garzeit: 1 Stunde

Das Fleisch waschen, abtrocknen und würfeln. • Die Tomaten häuten und kleinschneiden. • Die Zwiebeln schälen und fein reiben. • Die Knoblauchzehe schälen und fein hacken. • Die Hälfte vom Butterschmalz erhitzen, das Fleisch bei starker Hitze anbraten und salzen und pfeffern. • Das restliche Schmalz in einem anderen Topf erhitzen, die Zwiebeln und den Knoblauch darin glasig braten, die Tomaten hinzufügen, mit dem übrigen Salz und Pfeffer und dem Zucker würzen. ½ Tasse Wasser dazugießen und die Sauce 20 Minuten leicht kochen lassen. • Das Fleisch dazugeben und in 40 Minuten garen. • Die Bohnen waschen, putzen, in Stücke schneiden und in Salzwasser 15 Minuten kochen lassen. • Die Bohnen dann abtropfen lassen und weitere 15 Minuten mit dem Fleisch garen.

Bohnen mit Rinderhackfleisch

im Bild links

- je 150 g getrocknete weiße und rote Bohnen
- 1 große weiße Zwiebel
- 2 Knoblauchzehen
- 250 g Tomaten
- 1 grüne Paprikaschote
- 2 Chilischoten
- 50 g durchwachsener Speck
- 2 Eßl. Öl
- 250 g Rinderhackfleisch
- ¼ l heiße Rinderbouillon
- 2 Eßl. Tomatenketchup
- ½ Teel. Salz
- 1 Messerspitze Cayennepfeffer
- 2 Eßl. frisch gehackte Petersilie

Braucht etwas Zeit

Pro Person etwa 1300 kJ/ 310 kcal · 19 g Eiweiß 21 g Fett · 12 g Kohlenhydrate

Quellzeit: 12 Stunden
Vorbereitungszeit: 45 Minuten
Garzeit: 1 Stunde und 40 Minuten

Die Bohnen waschen, verlesen und von Wasser bedeckt 12 Stunden einweichen. • Die Bohnen im Einweichwasser zugedeckt 1½ Stunden sacht kochen lassen. • Die Zwiebel schälen und würfeln. Die Knoblauchzehen schälen und fein hacken. • Die Tomaten häuten und kleinschneiden. • Die Paprikaschote vierteln, von Stielansätzen, Rippen und Kernen befreien, waschen und in Streifen schneiden. • Die Chilischoten waschen, abtrocknen, halbieren und alle Kerne entfernen. Die Schoten fein hacken. • Den Speck klein würfeln. • Das Öl erhitzen, die Speckwürfel darin ausbraten. Die Zwiebel, den Knoblauch und das Hackfleisch braten, bis das Fleisch grau geworden ist. • Die Tomaten, die Chilischoten, die Bouillon und das Ketchup untermischen, mit dem Salz und dem Cayennepfeffer würzen und zugedeckt bei schwacher Hitze 20 Minuten leicht kochen lassen. • Die Paprikastreifen und die abgetropften Bohnen dazugeben und in 10 Minuten fertiggaren. • Mit der Petersilie bestreuen.

Geflügelgerichte mit besonderer Note

Mischungen mit leicht exotischem Einschlag

Hühnertopf mit Glasnudeln

im Bild links

- 2 Bund Suppengrün
- 1 Zwiebel · 2 Knoblauchzehen
- 1 Teel. weiße Pfefferkörner
- 1 Lorbeerblatt · 1 Teel. Salz
- 1 kleine Poularde von etwa 1kg
- je 250 g Chinakohl und Lauch
- 100 g Glasnudeln
- ½ Teel. frisch gemahlener weißer Pfeffer
- Saft von ½ Zitrone
- 4 Eßl. Sherry fino
- 4 Eßl. Sojasauce
- 1 kleine rote Paprikaschote

Braucht etwas Zeit

Pro Person etwa 2100 kJ/ 500 kcal · 58 g Eiweiß 17 g Fett · 25 g Kohlenhydrate

Vorbereitungszeit: 45 Minuten
Garzeit: 2 Stunden

Das Suppengrün waschen, putzen und in Stücke schneiden. • Die Zwiebel und den Knoblauch schälen und vierteln. • Die Zwiebel, den Knoblauch, das Suppengrün und alle Gewürze mit 1 l Wasser aufkochen lassen. • Die Poularde bei schwacher Hitze darin 45 Minuten pochieren. • Den Chinakohl und den Lauch putzen, waschen und kleinschneiden. • Die Glasnudeln heiß überbrühen und 15 Minuten ziehen lassen. • Die Poularde abkühlen lassen, auslösen und in kleine Stücke schneiden. • Die Haut und die Knochen der Poularde in der Bouillon 45 Minuten leicht kochen lassen. • Die Nudeln abtropfen lassen und in kurze Stücke schneiden. • Die Bouillon durchseihen, den Chinakohl und den Lauch darin 10 Minuten leicht kochen lassen. Das Fleisch und die Glasnudeln hinzufügen und weitere 15 Minuten ziehen lassen. • Den Hühnertopf mit den Gewürzen abschmecken. Die Paprikaschote kleinwürfeln und darüber streuen.

Hähnchen-Mango-Topf

im Bild rechts

- 200 g Naturreis
- 1 Teel. Salz
- 400 g Hähnchenbrust
- 1 Mango
- 3 Schalotten
- ½ ungespritzte Zitrone
- je 1 Eßl. Öl und Butter
- ¼ l trockener Weißwein
- ⅛ l heiße Rinderbouillon
- 1 Teel. Speisestärke
- je 1 Teel. Salz und Currypulver
- ½ Teel. frisch gemahlener weißer Pfeffer
- 1 Prise Zucker

Etwas teurer

Pro Person etwa 1700 kJ/ 400 kcal · 27 g Eiweiß 6 g Fett · 55 g Kohlenhydrate

Vorbereitungszeit: 20 Minuten
Garzeit: 45 Minuten

Den Reis in 1 l Wasser mit dem Salz zum Kochen bringen und bei schwacher Hitze in 35 Minuten ausquellen lassen. • Das Fleisch waschen, abtrocknen und in Würfel schneiden. • Die Mango schälen, vom Stein schneiden und zerkleinern. • Die Schalotten schälen und hacken. • Die Zitrone warm waschen, dünn schälen, auspressen und die Schale in feine Streifen schneiden. • Das Öl und die Butter erhitzen, die Fleischwürfel bei starker Hitze darin anbraten, herausnehmen und die Schalotten darin glasig braten. Mit dem Wein und der Bouillon aufgießen, die Zitronenschale und den -saft unterrühren und die Sauce etwas einkochen lassen. • Die Speisestärke mit etwas kaltem Wasser anrühren. Die Sauce damit binden und das Fleisch, die Mango und den Reis darin erhitzen. • Den Eintopf mit den Gewürzen abschmecken und bei schwacher Hitze weitere 10 Minuten ziehen lassen.

Eintöpfe mit Huhn und Lamm

Helle, zarte Fleischarten ergeben schmackhafte Gerichte

Hühnertopf mit Nudelschleifen

im Bild links

- 2 Möhren
- 1 Stange Lauch
- 150 g Knollensellerie
- 1 Zwiebel
- 2 Knoblauchzehen
- 1 Poularde von etwa 1,2 kg
- 1 Teel. getrockneter Thymian
- 1 Lorbeerblatt
- 1 Teel. weiße Pfefferkörner
- 1 Teel. Salz
- 1 kleine getrocknete Chilischote
- 250 g bunte Schleifchennudeln
- ½ Teel. frisch gemahlener weißer Pfeffer
- 2 Bund Schnittlauch

Braucht etwas Zeit

Pro Person etwa 2800 kJ/ 670 kcal · 74 g Eiweiß 19 g Fett · 52 g Kohlenhydrate

Vorbereitungszeit: 35 Minuten
Garzeit: 1¼ Stunden

Die Möhren, den Lauch, den Sellerie, die Zwiebel und die Knoblauchzehen schälen oder putzen, wenn nötig, waschen und alles grob zerkleinern. • Die Poularde innen und außen waschen, mit dem vorbereiteten Gemüse und den Gewürzen in einen Topf geben und von Wasser bedeckt zum Kochen bringen. • Die Poularde dann bei schwacher Hitze 45 Minuten pochieren. • Die Poularde abkühlen lassen, von Haut und Knochen befreien, das Fleisch in kleine Stücke schneiden und warm halten. • Die Haut und die Knochen weitere 30 Minuten in der Bouillon leicht kochen lassen. • Die Nudeln in kochendem Salzwasser in 6 bis 8 Minuten al dente kochen. • Die Bouillon durchseihen, erhitzen, mit dem Pfeffer abschmecken und das Fleisch und die Nudeln kurz darin ziehen lassen. • Den Schnittlauch waschen, trockenschleudern, in Röllchen schneiden und über den Eintopf streuen.

Reiseintopf mit Lamm

im Bild rechts

- 500 g Lammkeule
- 2 Zwiebeln
- 1 kleines Stück Ingwerwurzel
- 2 Knoblauchzehen
- 2 Eßl. Butterschmalz
- 3 Eßl. Tomatenmark
- 2 Eßl. Currypulver
- je ½ Teel. frisch gemahlener Kreuzkümmel und Koriander
- 1 Stück Zimtstange
- 200 g Langkornreis
- 1 Teel. Salz
- ½ Teel. frisch gemahlener schwarzer Pfeffer
- 1 Bund Pfefferminze

Gelingt leicht

Pro Person etwa 2200 kJ/ 520 kcal · 27 g Eiweiß 28 g Fett · 44 g Kohlenhydrate

Vorbereitungszeit: 30 Minuten
Garzeit: 50 Minuten

Das Fleisch waschen, abtrocknen und in schmale Streifen schneiden. • Die Zwiebeln, den Ingwer und die Knoblauchzehen schälen. Die Zwiebeln und den Ingwer fein hacken. • Das Butterschmalz erhitzen, das Fleisch nach und nach darin anbraten. Die Zwiebeln, den Ingwer untermischen und den Knoblauch durch die Presse dazudrücken. Das Tomatenmark unterrühren und alles 2 Minuten schmoren lassen. • Die Gewürze und 1 l Wasser hinzufügen, aufkochen und 30 Minuten bei schwacher Hitze kochen lassen. • Den Reis nach 30 Minuten in die Bouillon rühren und zugedeckt bei schwacher Hitze in 20 Minuten darin garen. Mit dem Salz und dem Pfeffer abschmecken. • Die Pfefferminze waschen, trockenschleudern, die Blättchen von den Stielen zupfen und streifig schneiden. • Die Zimtstange aus dem Eintopf nehmen und die Pfefferminze darüber streuen.

Kräftige Eintöpfe mit Kohl

Rotkohl und Weißkohl ergeben köstliche Essen im Herbst und Winter

Rotkohleintopf

im Bild links

Zutaten für 6 Personen:
300 g kleine rote Beten
500 g Rotkohl · 2 Zwiebeln
1 säuerlicher Apfel (Boskop)
500 g Kartoffeln
50 g durchwachsener Speck
1 Eßl. Schweineschmalz
¼ l heiße Rinderbouillon
1 Teel. Kümmel
1 Lorbeerblatt
2 Gewürznelken
je ½ Teel. Salz und frisch gemahlener schwarzer Pfeffer
250 g Sauerkraut
6 Knoblauchwürste zu je 75 g

Braucht etwas Zeit

Pro Person etwa 2300 kJ/
550 kcal · 17 g Eiweiß
41 g Fett · 26 g Kohlenhydrate

Vorbereitungszeit: 45 Minuten
Garzeit: 45 Minuten

Die roten Beten waschen und von Wasser bedeckt je nach Größe in 35 bis 45 Minuten garen. • Den Rotkohl vierteln, vom Strunk befreien und nicht zu fein hobeln. • Die Zwiebeln schälen und klein würfeln. • Den Apfel vierteln, vom Kerngehäuse befreien, schälen und würfeln. • Die Kartoffeln schälen, waschen und in kleine Würfel schneiden. • Den Speck klein würfeln. • Das Schmalz erhitzen, den Speck darin ausbraten, die Zwiebelwürfel darin glasig braten. Den Rotkohl, die Kartoffeln und die Apfelwürfel hinzufügen und kurz mitbraten. • Die heiße Bouillon und die Gewürze unterrühren und alles zugedeckt bei schwacher Hitze 40 Minuten schmoren lassen. • Das Sauerkraut kleinschneiden und nach 15 Minuten mit dem Kohl garen. • Die roten Beten schälen und würfeln. Die Würste in Scheiben schneiden, mit den roten Beten unter den Eintopf heben und 5 Minuten darin ziehen lassen.

Weißkohleintopf mit Schweinefleisch

im Bild rechts

2 große Zwiebeln
350 g Schweinehals
350 g Weißkohl
1 Eßl. Schweineschmalz
1 Teel. Kümmel
je 2 Messerspitzen Salz und frisch gemahlener schwarzer Pfeffer
¼ l trockener Weißwein
½ l Rinderbouillon
2 Bund Schnittlauch

Preiswert • Gelingt leicht

Pro Person etwa 1500 kJ/
360 kcal · 17 g Eiweiß
23 g Fett · 10 g Kohlenhydrate

Vorbereitungszeit: 30 Minuten
Garzeit: 45 Minuten

Die Zwiebeln schälen und fein hacken. • Das Fleisch waschen, abtrocknen und in nicht zu große Würfel schneiden. • Den Weißkohl vierteln, vom Strunk befreien und in feine Streifen hobeln. Die Kohlstreifen waschen und abtropfen lassen. • Das Schmalz erhitzen und die Zwiebelwürfel darin glasig braten. • Die Fleischwürfel unterrühren, bei mittlerer Hitze kräftig anbraten und mit dem Kümmel, dem Salz und dem Pfeffer würzen. • Die Weißkohlstreifen unter das Fleisch mischen und 2 Minuten mitbraten. Mit dem Weißwein ablöschen. Die Bouillon dazugießen und alles bei schwacher Hitze in 30 Minuten garen. • Den Schnittlauch waschen, trockenschleudern und in Röllchen schneiden. • Den Eintopf anrichten und mit dem Schnittlauch bestreuen.

Sauerkrauttopf mit Schinkenklößchen

Eine besonders köstliche Art, Sauerkraut zu servieren

2 altbackene Kümmelbrötchen
1 kleine Zwiebel
100 g roher Schinken
1 Eßl. Butter
2 Eigelbe
1 Teel. frisch gemahlener schwarzer Pfeffer
2 rote Zwiebeln
1 Eßl. Schweineschmalz
750 g Sauerkraut
1 Lorbeerblatt
2 Wacholderbeeren
1 Teel. Salz
¾ l Rinderbouillon
1 grüne Paprikaschote

Preiswert
Braucht etwas Zeit

Pro Person etwa 2000 kJ/480 kcal · 20 g Eiweiß
31 g Fett · 31 g Kohlenhydrate

Vorbereitungszeit: 45 Minuten
Garzeit: 1¼ Stunden

Die Brötchen in Stücke brechen und in lauwarmem Wasser einweichen. • Die Zwiebel schälen und fein hacken. • Den Schinken vom Fettrand befreien und klein würfeln. • Die Butter in einer Kasserolle zerlassen, die Zwiebel darin glasig braten. Die Schinkenwürfel kurz mitbraten und vom Herd nehmen. • Die Brötchen ausdrücken und mit den Eigelben, der Zwiebel-Schinken-Mischung und etwas Pfeffer verkneten. Walnußgroße Klößchen daraus formen, in Salzwasser 5 bis 8 Minuten ziehen lassen, herausnehmen und warm stellen. • Die roten Zwiebeln schälen, in dünne Scheiben hobeln und im heißen Schweineschmalz glasig braten. • Das Sauerkraut mit zwei Gabeln lockern, mit den Zwiebeln, dem Lorbeerblatt, den Wacholderbeeren, dem Salz, dem restlichen Pfeffer und der Bouillon mischen und zugedeckt bei schwacher Hitze 1¼ Stunden leicht kochen lassen. • Die Paprikaschote putzen, waschen, abtrocknen und klein würfeln. • Das Lorbeerblatt und die Wacholderbeeren aus dem Kraut nehmen, die Klößchen darin erhitzen und den Eintopf mit den Paprikawürfeln bestreuen.

Cassoulet

Ein südfranzösisches Gericht mit alter Tradition

Zutaten für 6 Personen:
350 g getrocknete weiße Bohnen
200 g magerer geräucherter Speck · 250 g Schweinenacken
2 Zwiebeln
3 Knoblauchzehen
je 1 Bund Suppengrün und Petersilie
1 Lorbeerblatt · 4 Tomaten
2 Eßl. Gänseschmalz
500 g Gänsekeulen
je 1 Prise Salz und frisch gemahlener schwarzer Pfeffer
200 g Knoblauchwurst
½ Teel. getrockneter Thymian
100 g Weißbrotkrumen

Berühmtes Rezept

Pro Person etwa 2900 kJ/ 690 kcal · 37 g Eiweiß 54 g Fett · 15 g Kohlenhydrate

Quellzeit: 12 Stunden
Vorbereitungszeit: 40 Minuten
Garzeit: 3 Stunden

Die Bohnen 12 Stunden in Wasser einweichen. • Die Bohnen mit dem Speck zugedeckt 1 Stunde bei schwacher Hitze kochen lassen. • Das Fleisch waschen und würfeln. • Die Zwiebeln und den Knoblauch schälen und hacken. • Das Suppengrün und die Petersilie waschen und mit dem Lorbeerblatt zusammenbinden. Die Petersilienblättchen dabei abzupfen. • Die Tomaten häuten und würfeln. • 1 Eßlöffel Schmalz erhitzen, die Gänsekeulen darin kräftig anbraten, salzen und pfeffern und herausnehmen. • Die Fleischwürfel mit den Zwiebeln und dem Knoblauch im Bratfett anbraten, mit den Gänsekeulen, der Wurst, den Tomaten und dem Thymian zu den Bohnen geben und 1 Stunde kochen lassen. • Die Gänsekeulen und die Wurst dann kleinschneiden. Alle festen Bestandteile des Eintopfs in eine feuerfeste Form geben und knapp mit dem Kochsud der Bohnen bedecken. • Den Backofen auf 200° vorheizen. • Die Petersilie hacken. Die Brotkrumen im übrigen Schmalz anbraten, mit der Petersilie über das Cassoulet streuen und dieses 1 Stunde im Backofen gratinieren.

Amerikanischer Eintopf

Frische Ananas verleiht dem Gericht die besondere Würze

500 g Schweinebauch
1 Eßl. Mehl
½ Teel. frisch gemahlener schwarzer Pfeffer
1 Eßl. Paprikapulver, edelsüß
1 Zwiebel
2 Scheiben Ananas (300 g)
2 Eßl. Öl
⅜ l heiße Rinderbouillon
150 g Naturreis
½ Teel. Salz
300 g gepalte Erbsen
1 Bund Schnittlauch

Preiswert • Gelingt leicht

Pro Person etwa 3100 kJ/
740 kcal · 26 g Eiweiß
50 g Fett · 51 g Kohlenhydrate

Vorbereitungszeit: 30 Minuten
Garzeit: 40 Minuten

Das Fleisch waschen, trockentupfen und in nicht zu große Würfel schneiden. • Das Mehl mit dem Pfeffer und dem Paprikapulver mischen und die Fleischwürfel darin wenden. • Die Zwiebel schälen und klein hacken. • Die Ananas schälen, vom harten Strunk in der Mitte befreien und in Stücke schneiden. • Das Öl in einem großen Schmortopf erhitzen und die Fleischwürfel mit der Zwiebel darin kräftig anbraten. Nach und nach mit der Bouillon aufgießen. • Den Reis waschen, abtropfen lassen, in die Bouillon rühren, das Salz hinzufügen und alles zugedeckt 40 Minuten bei schwacher Hitze leicht kochen lassen. • Nach 15 Minuten die Ananas und nach 30 Minuten die Erbsen in den Eintopf geben. Während des Garens bei Bedarf eventuell noch etwas Bouillon nachfüllen. • Den Schnittlauch waschen, trockenschleudern, in Röllchen schneiden und über den angerichteten Eintopf streuen.

Gemüse-Reis-Eintopf

Gemüsemischung stets der Jahreszeit entsprechend zusammenstellen

200 g Naturreis · 1 Teel. Salz
300 g Zucchini
1 Aubergine
1 Zwiebel · 200 g kleine Möhren
250 g Tomaten · 2 Eßl. Sesamöl
je ⅛ l heiße Bouillon und trockener Weißwein
½ Teel. abgeriebene ungespritzte Zitronenschale
½ Teel. Salz
1 Messerspitze frisch gemahlener schwarzer Pfeffer
200 g gekochter Schinken
1 Bund gemischte Kräuter wie Basilikum, Petersilie, Rosmarin und Thymian
100 g frisch geriebener Parmesankäse

Preiswert • Gelingt leicht

Pro Person etwa 2000 kJ/
480 kcal · 26 g Eiweiß
18 g Fett · 52 g Kohlenhydrate

Vorbereitungszeit: 45 Minuten
Garzeit: 45 Minuten

Den Reis waschen, mit 1 l Salzwasser zum Kochen bringen und bei schwacher Hitze in 35 Minuten ausquellen lassen. • Die Zucchini und die Aubergine waschen und abtrocknen. Die Zucchini in Scheiben, die Aubergine in Würfel schneiden. • Die Zwiebel schälen und klein würfeln. • Die Möhren schälen, waschen und in Scheibchen schneiden. • Die Tomaten überbrühen, häuten, achteln und entkernen. • Das Öl erhitzen, die Zucchini, die Aubergine und die Zwiebel darin anbraten. Das übrige Gemüse, die Bouillon, den Wein, die Zitronenschale, das Salz und den Pfeffer unterrühren und alles bei schwacher Hitze 10 Minuten leicht kochen lassen. • Den Schinken klein würfeln. Die Kräuter waschen, trockentupfen, kleinschneiden und mit dem Schinken und dem abgetropften Reis unter das Gemüse mengen. • Den Eintopf anrichten und den Parmesankäse gesondert dazu reichen.

Potée champenoise

Ein Gemüse-Fleischtopf aus der Heimat des Champagners

Zutaten für 6 Personen:
- 200 g getrocknete weiße Bohnen
- 250 g magerer geräucherter Speck
- 1 kleines gepökeltes Eisbein
- 1 Lorbeerblatt
- 4 Gewürznelken
- 1 Zwiebel
- 1 kg Weißkohl
- je 350 g Kartoffeln, Möhren und Lauch
- 2 Hähnchenbrüste
- 200 g geräucherte Würstchen
- ½ Teel. getrockneter Thymian
- 4 Scheiben Weißbrot (120 g)
- 4 Eßl. Olivenöl
- 1 Knoblauchzehe
- Salz und frisch gemahlener Pfeffer nach Geschmack
- 2 Eßl. gehackte Petersilie

Spezialität aus Frankreich

Pro Person etwa 2700 kJ/ 640 kcal · 37 g Eiweiß 40 g Fett · 33 g Kohlenhydrate

Quellzeit: 12 Stunden
Vorbereitungszeit: 45 Minuten
Garzeit: 1½ Stunden

Die Bohnen in 1½ l Wasser einweichen. • Nach 12 Stunden im Einweichwasser mit dem Speck, dem Eisbein, den Gewürzen und der geschälten Zwiebel zugedeckt 1 Stunde kochen lassen. • Den Kohl vierteln, waschen, vom Strunk befreien und die Viertel quer halbieren. • Das Gemüse schälen, waschen, kleinschneiden und mit den Hähnchenbrüsten, den Würsten und dem Thymian in den Bohnen in weiteren 30 Minuten garen. • Das Brot würfeln und im Öl goldbraun braten. Den Knoblauch schälen und darüberpressen. • Das Fleisch häuten oder vom Knochen lösen, kleinschneiden und wieder in den Eintopf mengen. • Mit Salz und Pfeffer abschmecken. Die Petersilie und die Brotwürfel darüber streuen.

Aparte Gerichte mit fremdem Akzent

Südländisch bis orientalisch muten diese Eintöpfe an

Lammtopf mit Ananas

im Bild links

700 g Lammschulter
2 Eßl. Butterschmalz
200 g Schalotten
2 Eßl. Currypulver
½ Eßl. Paprikapulver, edelsüß
je ½ Teel. Salz und frisch gemahlener schwarzer Pfeffer
je 1 Prise frisch gemahlener Kreuzkümmel und Koriander
¾ l Rinderbouillon
1 Ananas (etwa 750 g)
1 Eßl. Pinienkerne
1 Bund Pfefferminze

Braucht etwas Zeit

Pro Person etwa 2500 kJ/
600 kcal · 33 g Eiweiß
39 g Fett · 29 g Kohlenhydrate

Vorbereitungszeit: 45 Minuten
Garzeit: 1 Stunde

Das Fleisch waschen, abtrocknen, in 3 cm große Würfel schneiden, im Schmalz portionsweise kräftig anbraten und aus dem Topf nehmen. • Die Schalotten schälen, halbieren und ebenfalls im Schmalz kräftig anbraten. • Das Fleisch und die Gewürze mit den Schalotten mischen, die Bouillon hinzufügen und alles zugedeckt bei schwacher Hitze 45 Minuten kochen lassen. • Die Ananas schälen, vierteln, vom harten Mittelstrunk befreien und in kleine Stücke schneiden. Die Ananas nach 45 Minuten unter den Eintopf mischen und diesen in weiteren 15 Minuten garen. • Die Pinienkerne in einer trockenen Pfanne rösten. • Die Minze waschen, trockentupfen und die Blätter streifig schneiden. Die Minze und die Pinienkerne über den Eintopf streuen.

Gemüsetopf Lorco

im Bild rechts

500 g Kürbis
2 Gemüsezwiebeln
1 Knoblauchzehe
3 Fleischtomaten
je 1 gelbe, grüne und rote Paprikaschote
4 Stangen Staudensellerie
2 junge Maiskolben
400 g Kartoffeln
150 g durchwachsener Speck
2 Eßl. Öl
300 g gepalte Erbsen
je ¼ Teel. Salz und getrockneter Oregano
6 schwarze Pfefferkörner

Preiswert • Gelingt leicht

Pro Person etwa 2300 kJ/
550 kcal · 17 g Eiweiß
30 g Fett · 51 g Kohlenhydrate

Vorbereitungszeit: 40 Minuten
Garzeit: 45 Minuten

Den Kürbis schälen, entkernen und in Stücke schneiden. • Die Zwiebeln und die Knoblauchzehe schälen und hacken. • Die Tomaten häuten und achteln. • Die Paprikaschoten putzen, waschen und in Streifen schneiden. • Die Sellerieblättchen aufheben. Den Sellerie putzen, waschen und in Scheiben schneiden. • Die Maiskolben waschen, längs halbieren und in dünne Scheiben schneiden. • Die Kartoffeln schälen und würfeln. • Den Speck würfeln. • Das Öl erhitzen, den Speck darin ausbraten. Die Zwiebeln und den Knoblauch darin glasig braten, alles vorbereitete Gemüse, die Erbsen, die Kartoffeln, die Gewürze und ¼ l Wasser hinzufügen und zugedeckt bei schwacher Hitze in 40 Minuten garen. • Die Sellerieblättchen waschen, trockentupfen, kleinschneiden und über den Eintopf streuen.

Würzige Eintöpfe mit Pilzen

Feine Kombinationen, die gut als Gästeessen geeignet sind

Kasserolle mit wildem Reis

im Bild links

- 100 g wilder Reis
- 100 g Naturreis
- 1 Zweig Thymian
- 8 Basilikumblättchen
- ¾ l Geflügelbouillon
- 600 g gemischte Pilze
- 50 g durchwachsener Speck
- 1 Zwiebel · 1 Eßl. Öl
- ¼ Teel. Salz
- 2 Messerspitzen frisch gemahlener schwarzer Pfeffer
- 2 Eßl. gehackte Petersilie

Etwas teurer

Pro Person etwa 1200 kJ/
290 kcal · 9 g Eiweiß
11 g Fett · 42 g Kohlenhydrate

Vorbereitungszeit: 40 Minuten
Garzeit: 1½ Stunden

Beide Reissorten in einem Sieb unter fließendem Wasser abbrausen und abtropfen lassen. Mit dem Thymian, dem Basilikum und der Bouillon zugedeckt bei schwacher Hitze in 45 Minuten ausquellen lassen. • Den Backofen auf 180° vorheizen. • Die Pilze putzen, abbrausen und abtropfen lassen. Große Pilze in Scheiben schneiden. • Den Speck würfeln. • Die Zwiebel schälen und hacken. • Das Öl in einer hohen feuerfesten Kasserolle erhitzen. Den Speck darin ausbraten, die Zwiebel dazugeben und glasig braten, die Pilze hinzufügen und unter Umwenden leicht bräunen lassen. Die Pilze mit dem Salz und dem Pfeffer würzen. • Den Reis mit der Bouillon unter die Pilze mischen und die Kasserolle verschließen. Den Eintopf im Backofen in weiteren 45 Minuten garen. • Die Petersilie vor dem Servieren über den Reis streuen.

Pilzeintopf

im Bild rechts

- 400 g Schweinefilet
- 1 große Zwiebel
- 2 Knoblauchzehen
- 500 g Austernpilze
- 500 g Champignons
- 2 Eßl. Butterschmalz
- 200 g Crème fraîche
- ½ Teel. Salz und frisch gemahlener schwarzer Pfeffer
- 2 Zweige Thymian
- ¾ l Rinderbouillon
- 2 Bund Petersilie
- 1 Eßl. Balsamico-Essig

Braucht etwas Zeit

Pro Person etwa 2000 kJ/
480 kcal · 28 g Eiweiß
38 g Fett · 7 g Kohlenhydrate

Zubereitungszeit: 1½ Stunden

Das Fleisch waschen, abtrocknen und in 1 cm große Würfel schneiden. • Die Zwiebel und die Knoblauchzehen schälen. Die Zwiebel hacken. • Die Austernpilze von harten Teilen befreien, abbrausen und in Streifen schneiden. Die Champignons putzen und vierteln. • Das Butterschmalz erhitzen, die Fleischwürfel in Portionen kräftig darin anbraten und herausnehmen. • Die Zwiebel im Schmalz glasig braten, nach und nach die Pilze in Portionen mitbraten, bis jeweils alle Flüssigkeit verdampft ist, dann aus dem Fett nehmen. • Das Fleisch mit den Pilzen wieder in den Topf geben. Den Knoblauch dazupressen, die Crème fraîche, das Salz, den Pfeffer und die Thymianblättchen untermischen. Die Bouillon dazugießen, aufkochen und alles 15 Minuten bei schwacher Hitze kochen lassen. • Die Petersilie waschen, trockenschleudern und die Blätter grob hacken. Den Eintopf mit dem Essig abschmecken und mit der Petersilie mischen.

Potée bourguignonne

Ein traditionelles Gericht, das in zwei Gängen serviert wird

1 Beinscheibe vom Rind von 250 g
1 Zwiebel
1 Lorbeerblatt
2 Gewürznelken
1 Teel. Salz
3 Möhren
3 weiße Rüben
250 g grüne Bohnen
1 kleiner Weißkohl (400 g)
750 g festkochende Kartoffeln
250 g Schweinebug
250 g Eisbein
Salz und frisch gemahlener weißer Pfeffer nach Geschmack
200 g Pariser Brot vom Vortag
75 g frisch geriebener Greyerzer Käse

Spezialität aus Frankreich
Braucht etwas Zeit

Pro Person etwa 3600 kJ/
860 kcal · 57 g Eiweiß
36 g Fett · 75 g Kohlenhydrate

Vorbereitungszeit: 50 Minuten
Garzeit: knapp 2 Stunden

Die Beinscheibe waschen. Die Zwiebel schälen und das Lorbeerblatt mit den Nelken daraufstecken. • Die Beinscheibe in 1 l Wasser mit dem Salz und der Zwiebel 1 Stunde zugedeckt bei schwacher Hitze kochen lassen. • Die Möhren und die Rüben schälen, waschen und würfeln. • Die Bohnen waschen, putzen und in Stücke brechen. • Den Weißkohl putzen, vierteln, vom Strunk befreien und in Streifen schneiden. • Die Kartoffeln schälen, waschen und würfeln. • Das Fleisch und das Eisbein waschen und nach 1 Stunde mit der Beinscheibe 30 Minuten kochen lassen. • Die Zwiebel aus der Bouillon nehmen, das vorbereitete Gemüse und die Kartoffeln hinzufügen, mit Salz und Pfeffer abschmecken und alles in weiteren 20 Minuten garen. • Das Brot in Scheiben schneiden und rösten. • Das Fleisch nicht zu klein würfeln und mit dem Gemüse heiß halten. Zuerst die Bouillon mit dem gerösteten, mit dem Käse bestreuten Brot, danach das Gemüse mit dem Fleisch servieren.

Ländliche Fleischtöpfe von Qualität

Sie lassen sich leicht in doppelter Menge für eine Fete zubereiten

Gulaschtopf mit Rotwein

im Bild links

700 g Rinderbeinfleisch
300 g Zwiebeln · 3 Eßl. Öl
3 Eßl. Tomatenmark
3 Teel. Paprikapulver, edelsüß
1 Teel. Paprikapulver, scharf
je 1 Teel. frisch gemahlener Kümmel und schwarzer Pfeffer
1 Teel. Salz
400 g reife Tomaten
¼ l trockener Rotwein
½ l Rinderbouillon
1 Bund Frühlingszwiebeln

Braucht etwas Zeit

Pro Person etwa 1800 kJ/ 430 kcal · 40 g Eiweiß 19 g Fett · 12 g Kohlenhydrate

Vorbereitungszeit: 30 Minuten
Garzeit: 1½ Stunden

Das Fleisch waschen, abtrocknen und in 3 cm große Würfel schneiden. • Die Zwiebeln schälen und grob hacken. • Das Öl in einem großen Topf erhitzen. Zuerst das Fleisch in mehreren Portionen darin kräftig anbraten, dann die Zwiebeln untermischen und glasig braten. • Das Tomatenmark und alle Gewürze mit dem Fleisch mischen und alles 10 Minuten bei schwacher Hitze schmoren lassen. • Die Tomaten häuten, entkernen, in Stükke schneiden und zum Fleisch geben. Den Rotwein und die Bouillon dazugießen und den Eintopf bei schwacher Hitze zugedeckt 1½ Stunden schmoren lassen. • Die Frühlingszwiebeln waschen, putzen und in dünne Ringe schneiden. • Den Gulaschtopf kräftig abschmecken und die Frühlingszwiebeln untermischen.

Serbisches Djuveč

im Bild rechts

400 g Schweineschulter
3 Knoblauchzehen
350 g Zwiebeln
2 grüne Paprikaschoten
500 g reife Tomaten
500 g festkochende Kartoffeln
1 Eßl. Schweineschmalz
1 Teel. Salz
¼ Teel. frisch gemahlener weißer Pfeffer
100 g Langkornreis
½ l Rinderbouillon

Spezialität aus Jugoslawien

Pro Person etwa 2200 kJ/ 520 kcal · 25 g Eiweiß 26 g Fett · 51 g Kohlenhydrate

Vorbereitungszeit: 40 Minuten
Garzeit: 40 Minuten

Das Fleisch waschen, abtrocknen und in 1 cm breite Streifen schneiden. • Die Knoblauchzehen und die Zwiebeln schälen und hacken. • Die Paprikaschoten vierteln, von Stielansätzen, Rippen und Kernen befreien, waschen, abtrocknen und in Streifen schneiden. • Die Tomaten häuten, und ebenfalls in Streifen schneiden. • Die Kartoffeln schälen, waschen und in Scheiben schneiden. • Das Schmalz in einem Schmortopf erhitzen, das Fleisch unter Umwenden 15 Minuten darin bei mittlerer Hitze braten und salzen und pfeffern. • Den Knoblauch und die Zwiebeln 5 Minuten mit dem Fleisch braten. • Den Reis waschen, abtropfen lassen, mit den Paprikastreifen, den Tomatenstreifen, den Kartoffeln und der Bouillon zum Fleisch geben, umrühren und zugedeckt bei schwacher Hitze in 20 Minuten garen. • Den Eintopf abschmecken. Dazu einen grünen Salat servieren.

Kräftige Kost aus unseren Nachbarländern

Die langen Garzeiten lassen sich in Kauf nehmen, denn man muß nicht immer anwesend sein

Dänischer Seemannstopf

im Bild links

Zutaten für 6 Personen:
400 g Rinderbug
150 g durchwachsener Speck
½ Teel. Salz · 1 Lorbeerblatt
je 4 Pfeffer- und Pimentkörner
250 g Gemüsezwiebeln
1 kg mehligkochende Kartoffeln
2 Gewürzgurken
je ½ Bund Petersilie und Schnittlauch
4 Eßl. saure Sahne
6 Heringsfilets

Spezialität • Preiswert

Pro Person etwa 2300 kJ/
550 kcal · 32 g Eiweiß
32 g Fett · 29 g Kohlenhydrate

Vorbereitungszeit: 40 Minuten
Garzeit: 1¼ Stunden

Das Fleisch und den Speck waschen. • 1 l Wasser mit dem Salz zum Kochen bringen und das Fleisch und den Speck bei schwacher Hitze darin 30 Minuten im offenen Topf kochen lassen. Den Schaum mehrmals abschöpfen. • Das Lorbeerblatt und die Gewürzkörner in ein Mulltuch binden und am Faden ins Wasser hängen lassen. • Die Zwiebeln schälen und grob hakken. • Die Kartoffeln schälen, waschen, würfeln und mit den Zwiebeln zugedeckt 1¼ Stunden mit dem Fleisch kochen lassen; die Kartoffeln sollen dabei zerkochen und den Eintopf binden. • Die Gurken in Würfel schneiden. • Das Fleisch und den Speck ebenfalls würfeln und mit den Gurken wieder unter den Eintopf mischen. • Das Gewürzsäckchen herausnehmen und alles gut erhitzen. • Die Kräuter waschen, trockentupfen, kleinschneiden und mit der sauren Sahne verrühren. • Den Eintopf anrichten, die Kräutersahne darüberfüllen und die Heringsfilets darauflegen.

Hutspot

im Bild rechts

100 g getrocknete weiße Bohnen
600 g leicht gepökelte Rinderbrust
1 Lorbeerblatt
150 g Zwiebeln
je 200 g Möhren und Pastinaken
500 g mehligkochende Kartoffeln
etwas Salz und frisch gemahlener schwarzer Pfeffer
50 g Butter
1 Bund Petersilie

Spezialität aus Holland
Gelingt leicht

Pro Person etwa 2300 kJ/
550 kcal · 33 g Eiweiß
36 g Fett · 27 g Kohlenhydrate

Quellzeit: 12 Stunden
Vorbereitungszeit: 40 Minuten
Garzeit: 2 Stunden

Die Bohnen waschen und von Wasser bedeckt 12 Stunden einweichen. • Dann im Einweichwasser bei schwacher Hitze zugedeckt 1½ Stunden kochen lassen. • Das Fleisch waschen und mit dem Lorbeerblatt in ¾ l Wasser 1 Stunde bei schwacher Hitze kochen lassen. • Die Zwiebeln schälen und würfeln. • Die Möhren und die Pastinaken schälen, waschen und in Würfel schneiden. • Die Kartoffeln schälen, waschen und ebenfalls würfeln. • Das Gemüse mit dem Salz, dem Pfeffer, den Bohnen und deren Kochsud unter das Fleisch mischen und alles zugedeckt in weiteren 30 Minuten garen. • Das Fleisch in Würfel schneiden. • Die Hälfte des Gemüses pürieren und mit dem Fleisch unter den Eintopf mischen. • Die Butter erhitzen und leicht bräunen lassen. • Die Petersilie waschen, trockenschleudern, hacken und mit der Butter über den Eintopf geben.

Würzige Fleischtöpfe mit Tradition

Typisches von der Waterkant und aus der Steiermark

Labskaus

im Bild links

- 5 Zwiebeln
- 3 Gewürznelken
- 500 g gepökelte Rinderbrust
- 1 Lorbeerblatt
- je 4 Pfeffer- und Pimentkörner
- 750 g Kartoffeln
- 1 Eßl. Butterschmalz
- 1 Salzhering
- Salz und Pfeffer nach Geschmack
- 4 Eier · 1 Eßl. Butter
- 4 kleine Gewürzgurken

Preiswert • Gelingt leicht

Pro Person etwa 3500 kJ/
830 kcal · 56 g Eiweiß
49 g Fett · 42 g Kohlenhydrate

Vorbereitungszeit: 40 Minuten
Garzeit: 1½ Stunden

Die Zwiebeln schälen. 1 Zwiebel mit den Nelken bestekken. • ¾ l Wasser zum Kochen bringen, das Fleisch mit dem Lorbeerblatt, den Gewürzkörnern und der besteckten Zwiebel darin bei schwacher Hitze zugedeckt 1½ Stunden kochen lassen. • Die restlichen Zwiebeln in dünne Scheiben schneiden. • Die Kartoffeln schälen, waschen, halbieren und in Salzwasser garen. • Das Butterschmalz in einem Topf erhitzen und die Zwiebeln darin glasig braten. • Das Fleisch und den Salzhering in Stücke schneiden, mit den Zwiebeln und den abgegossenen Kartoffeln durch die mittlere Scheibe des Fleischwolfs drehen. Die Bouillon durchseihen und so viel davon unter die Fleisch-Kartoffel-Masse rühren, daß ein geschmeidiger Brei entsteht. • Das Labskaus mit Salz und Pfeffer abschmecken und erhitzen. • Die Eier in der Butter zu Spiegeleiern braten. • Die Gewürzgurken längs halbieren. • Das Labskaus anrichten, mit den Eiern belegen und mit den Gurken garnieren. • Eingelegte rote Beten dazu reichen.

Steirisches Wurzelfleisch

im Bild rechts

- 600 g Schweinenacken
- 6 Pfefferkörner
- 2 Möhren
- 1 Petersilienwurzel
- 100 g Knollensellerie
- 2 Stangen Lauch
- 1 Knoblauchzehe
- 4 Pimentkörner
- 1 Lorbeerblatt
- 500 g Kartoffeln
- 100 g Hirse
- ½ Teel. Salz
- 1 Eßl. Essig
- ½–1 Eßl. frisch geriebener Meerrettich
- je 1 Eßl. gehackte Petersilie und Schnittlauchröllchen

Spezialität aus Österreich

Pro Person etwa 2700 kJ/
640 kcal · 34 g Eiweiß
36 g Fett · 46 g Kohlenhydrate

Vorbereitungszeit: 40 Minuten
Garzeit: 1½ Stunden

Das Fleisch waschen und in Würfel schneiden. • Die Pfefferkörner zerstoßen. • Die Möhren, die Petersilienwurzel und den Sellerie schälen, waschen und in Stifte schneiden. • Den Lauch putzen, waschen und in Streifen schneiden. • Die Knoblauchzehe schälen und hakken. • Das Gemüse mit den Gewürzkörnern, dem Lorbeerblatt und ¾ l kochendem Wasser zum Fleisch geben und zugedeckt 1 Stunde bei schwacher Hitze kochen lassen. • Die Kartoffeln schälen, waschen, würfeln, mit der Hirse unter den Eintopf mischen und in weiteren 30 Minuten darin garen. • Den Eintopf mit dem Salz, dem Essig und dem Meerrettich abschmecken, anrichten und mit den Kräutern bestreut servieren.

Béarner Gemüsetopf

Ein variantenreiches südfranzösisches Gericht

- 125 g getrocknete weiße Bohnen
- 500 g Rinderbug
- 1 Gänsekeule · 1 Lorbeerblatt
- je 6 Pfeffer- und Pimentkörner
- 1 Stange Lauch
- 1 Petersilienwurzel
- 1 Knoblauchzehe · 1 Teel. Salz
- 1 Zweig Liebstöckel
- je 2 Möhren und weiße Rüben
- 300 g Kartoffeln
- 250 g Wirsing
- 300 g Wachsbohnen
- 2 Messerspitzen frisch gemahlener weißer Pfeffer
- 8 Scheiben Weißbrot vom Vortag (zu je 20 g) · 1 Eßl. Butter
- 60 g frisch geriebener Greyerzer Käse · 2 Eßl. gehackte Petersilie

Spezialität aus Frankreich

Pro Person etwa 3000 kJ/
710 kcal · 65 g Eiweiß
34 g Fett · 37 g Kohlenhydrate

Quellzeit: 12 Stunden
Vorbereitungszeit: 1 Stunde
Garzeit: 2 Stunden

Die Bohnen waschen und von Wasser bedeckt 12 Stunden einweichen. Dann im Einweichwasser 30 Minuten bei schwacher Hitze kochen lassen. • Das Fleisch und die Gänsekeule waschen und mit dem Lorbeerblatt und den Gewürzkörnern weitere 30 Minuten mit den Bohnen kochen lassen. • Den Lauch putzen, waschen und in Scheiben schneiden. • Die Petersilienwurzel schälen, waschen und würfeln. • Den Knoblauch schälen, hacken, mit dem Salz, dem Liebstöckel und dem vorbereiteten Gemüse zum Fleisch geben und 1 Stunde kochen lassen. • Die Möhren, die Rüben und die Kartoffeln schälen, waschen und würfeln. • Den Wirsing putzen, vom Strunk befreien und in Streifen schneiden. • Die Bohnen waschen, putzen und in Stücke schneiden. • Alles untermischen und in 30 Minuten garen. • Das Fleisch würfeln und untermengen. Mit dem Pfeffer abschmecken • Das Brot in der Butter braten, in eine Terrine legen, den Eintopf darüberfüllen und alles mit dem Käse und der Petersilie bestreuen.

Beliebte Gerichte aus dem Mittelmeerraum

Fleisch, Geflügel, Reis und Eßkastanien sind bei diesen Eintöpfen die wesentlichen Zutaten

Türkischer Geflügelpilaw

im Bild links

- 1 Hähnchen von etwa 1,2 kg
- je 1 Teel. Kreuzkümmel, Rosenpaprikapulver und Salz
- 500 g reife Tomaten
- 3 Zwiebeln
- 5 Eßl. Olivenöl
- 150 g Langkornreis
- ½ l Geflügelbouillon
- 1 Bund Dill
- 1 ungespritzte Zitrone

Berühmtes Rezept

Pro Person etwa 2800 kJ/
670 kcal · 68 g Eiweiß
26 g Fett · 42 g Kohlenhydrate

Vorbereitungszeit: 30 Minuten
Garzeit: 30 Minuten

Das Hähnchen in 8 Teile schneiden, waschen und abtrocknen. Die Gewürze mischen und die Hähnchenteile damit einreiben. • Die Tomaten häuten, halbieren, entkernen und grob hacken. • Die Zwiebeln schälen und fein hacken. • Das Öl in einem Schmortopf erhitzen, die Hähnchenteile darin kräftig braun anbraten und herausnehmen. • Die Zwiebeln im Öl anbraten, bis sie gelblich sind, die Tomaten hinzufügen, das Geflügel darauf legen und zugedeckt alles bei schwacher Hitze 10 Minuten schmoren lassen. • Den Reis waschen, abtropfen lassen, mit der Bouillon unter den Pilaw mischen und zugedeckt in weiteren 20 Minuten garen. • Den Dill waschen, trockenschleudern und die Blättchen abzupfen. • Die Zitrone warm waschen, abtrocknen und in Scheiben schneiden. • Den Pilaw anrichten, mit dem Dill bestreuen und mit den Zitronenscheiben umlegen.

Rindfleisch-Maronen-Topf

im Bild rechts

- 2 Zwiebeln
- 100 g durchwachsener geräucherter Bauchspeck
- 600 g Rinderkeule
- 2 Eßl. Olivenöl
- 1 Lorbeerblatt
- ¼ Teel. Salz
- 6 weiße Pfefferkörner
- ⅛ l trockener Rotwein
- 700 g Maronen in der Schale (Eßkastanien)
- 2 Prisen frisch geriebene Muskatnuß

Etwas teurer
Braucht etwas Zeit

Pro Person etwa 3100 kJ/
740 kcal · 40 g Eiweiß
34 g Fett · 66 g Kohlenhydrate

Vorbereitungszeit: 45 Minuten
Garzeit: 1¾ Stunden

Die Zwiebeln schälen und fein hacken. • Den Speck würfeln. • Das Fleisch waschen, abtrocknen und in 2 cm große Würfel schneiden. • Das Öl in einem Schmortopf erhitzen, den Speck darin ausbraten. Die Zwiebeln hinzufügen und glasig braten. Das Fleisch untermischen und von allen Seiten braun braten. • Das Lorbeerblatt, das Salz, die zerstoßenen Pfefferkörner, ½ l heißes Wasser und den Rotwein zum Fleisch geben und zugedeckt bei schwacher Hitze 1½ Stunden schmoren. • Die Maronen am runden Ende über Kreuz mit einem spitzen Messer einschneiden, in kochendes Salzwasser geben und 20 Minuten kochen lassen. • Die Maronen abtropfen lassen und schälen. • Die Maronen 15 Minuten im Eintopf kochen lassen. • Den Maronentopf mit dem Muskat abschmecken.

Gemüseeintöpfe mit Fleisch

Einmal mild, einmal scharf, für unterschiedliche Geschmackswünsche

Scharfer Tomateneintopf

im Bild links

- 5 Zwiebeln
- 4 Knoblauchzehen
- 600 g reife Tomaten
- 3 Eßl. Olivenöl
- 600 g gemischtes Hackfleisch
- 5 Eßl. Tomatenmark
- 2 Eßl. Paprikapulver, edelsüß
- ½ Teel. Cayennepfeffer
- 1 Eßl. abgeriebene Schale von 1 ungespritzten Zitrone
- je 1 Teel. Salz und frisch gemahlener schwarzer Pfeffer
- ¾ l Rinderbouillon
- je 1 gelbe, grüne und rote Paprikaschote

Preiswert • Gelingt leicht

Pro Person etwa 2100 kJ/ 500 kcal · 39 g Eiweiß 28 g Fett · 21 g Kohlenhydrate

Zubereitungszeit: 1½ Stunden

Die Zwiebeln schälen und fein hacken. Die Knoblauchzehen schälen. • Die Tomaten überbrühen, häuten, vierteln und entkernen. • Das Öl in einem Schmortopf erhitzen, die Zwiebeln darin glasig braten und den Knoblauch durch die Presse dazudrücken. Portionsweise das Hackfleisch mitbraten, bis es grau geworden ist. • Das Tomatenmark, das Paprikapulver, den Cayennepfeffer die Zitronenschale, das Salz, den Pfeffer, die Tomaten und die Bouillon hinzufügen, alles mischen und zugedeckt 40 Minuten leicht kochen lassen. • Die Paprikaschoten vierteln, von Stielansätzen, Rippen und Kernen befreien, waschen, abtrocknen und in kleine Würfel schneiden. Die Paprikawürfel unter den Eintopf mischen und diesen noch einmal scharf abschmecken.

Unser Tip: Anstelle der Bouillon kann auch trockener Rotwein verwendet werden.

Gemüseeintopf mit Schinken

im Bild rechts

- 1 Stange Lauch
- 1 Zwiebel
- 250 g junge Möhren
- 2 kleine Kohlrabiknollen
- 300 g Blumenkohl
- 2 Eßl. Butter
- 150 g gepalte Erbsen
- 1 l Rinderbouillon
- je ½ Teel. Salz und frisch gemahlener weißer Pfeffer
- 2 Zweige Thymian
- 1 Lorbeerblatt
- 300 g gekochter Schinken ohne Fettrand in dickeren Scheiben

Preiswert • Gelingt leicht

Pro Person etwa 1200 kJ/ 290 kcal · 23 g Eiweiß 15 g Fett · 17 g Kohlenhydrate

Vorbereitungszeit: 40 Minuten
Garzeit: 30 Minuten

Vom Lauch das Wurzelende und die dunkelgrünen Blattspitzen entfernen, den Lauch waschen, abtrocknen und in Ringe schneiden. • Die Zwiebel schälen und in Ringe teilen. • Die Möhren und die Kohlrabi schälen, waschen und in gleich große Würfel schneiden. • Den Blumenkohl putzen, in Röschen teilen und waschen. • Die Butter in einem Schmortopf zerlassen und den Lauch mit der Zwiebel darin anbraten. • Die Gemüsewürfel, die Kohlröschen und die Erbsen dazugeben und mit der Bouillon aufgießen. Das Salz, den Pfeffer, die Thymianblättchen und das Lorbeerblatt hinzufügen, aufkochen lassen und alles zugedeckt bei schwacher Hitze in 20 Minuten garen. • Den Schinken in kleine Würfel schneiden, unter den Eintopf mischen und darin erhitzen.

Scharfer Bohnentopf

Er ist dem mexikanischen Chili con carne ähnlich

- 300 g getrocknete rote Bohnen
- 3 Zwiebeln
- 2 Knoblauchzehen
- 600 g Rinderbug
- 3 Eßl. Öl
- ½ Teel. Salz
- 2 Messerspitzen frisch gemahlener schwarzer Pfeffer
- 1 Teel. Paprikapulver, scharf
- ⅛ l trockener Rotwein
- je 1 grüne und rote Paprikaschote
- je 1 grüne und rote Peperoni
- 3 Fleischtomaten

Braucht etwas Zeit

Pro Person etwa 2200 kJ/ 520 kcal · 34 g Eiweiß 32 g Fett · 19 g Kohlenhydrate

Quellzeit: 12 Stunden
Vorbereitungszeit: 40 Minuten
Garzeit: 2½ Stunden

Die Bohnen waschen und 12 Stunden von 1 l Wasser bedeckt einweichen. • Die Bohnen dann im Einweichwasser zugedeckt bei schwacher Hitze 1 Stunde kochen lassen. • Die Zwiebeln und den Knoblauch schälen und klein würfeln. • Das Fleisch waschen, abtrocknen und in etwa 2 cm große Würfel schneiden. • Das Öl in einem Schmortopf erhitzen, die Zwiebeln und den Knoblauch darin glasig braten. Die Fleischwürfel dazugeben und braun anbraten. • Das Salz, den Pfeffer, das Paprikapulver, die Bohnen mit dem Kochsud und dem Rotwein zum Fleisch geben und alles zugedeckt weitere 1½ Stunden kochen lassen. • Die Paprikaschoten und die Peperoni vierteln, von Stielansätzen, Rippen und Kernen befreien, waschen, abtrocknen, würfeln und in den Eintopf geben. • Die Tomaten häuten, entkernen, kleinschneiden und in den letzten 30 Minuten mit dem Eintopf garen. • Den Bohnentopf vor dem Servieren abschmecken und eventuell nachwürzen.

Berühmte, gewichtige Eintopfgerichte

Die Rezepte stammen aus dem vorigen Jahrhundert, als man mit Freuden üppig tafelte

Djuveč mit Lamm

im Bild links

- 100 g Langkornreis
- ¼ Teel. Salz
- 250 g Gemüsezwiebeln
- 1 Knoblauchzehe
- 600 g Lammkeule
- 1 Aubergine
- 2 grüne Paprikaschoten
- 4 Fleischtomaten
- 4 Eßl. Olivenöl
- 300 g Kürbiswürfel
- je ¼ Teel. Salz und frisch gemahlener schwarzer Pfeffer
- ⅛ l trockener Weißwein
- 6 Eßl. saure Sahne

Spezialität aus Jugoslawien

Pro Person etwa 2600 kJ/
620 kcal · 34 g Eiweiß
36 g Fett · 38 g Kohlenhydrate

Vorbereitungszeit: 1 Stunde
Garzeit: 1 Stunde und 40 Minuten

Den Reis waschen, mit dem Salz in ¾ l kochendes Wasser rühren und zugedeckt bei schwacher Hitze 30 Minuten quellen lassen. • Die Zwiebeln schälen und in Ringe schneiden. Den Knoblauch schälen und hakken. • Das Fleisch waschen, abtrocknen und würfeln. • Die Aubergine waschen, schälen und in Scheiben schneiden. Die Paprikaschoten putzen, waschen, abtrocknen und in Streifen schneiden. Die Tomaten häuten und in Scheiben schneiden. • Den Backofen auf 200° vorheizen. • Das Öl in einer feuerfesten Form erhitzen, die Zwiebeln und den Knoblauch darin glasig braten. Die Fleischwürfel dazugeben und braun anbraten. Den Kürbis, das Gemüse und den abgetropften Reis mit dem Fleisch mischen. Die Tomatenscheiben darauf legen, salzen und pfeffern, den Wein und ⅛ l Wasser in die Form gießen. • Die Form verschließen und den Djuveč in 1½ Stunden im Backofen garen. • Das Gericht in der Form, mit der sauren Sahne bedeckt, servieren.

Bigos

im Bild rechts

- 100 g durchwachsener geräucherter Bauchspeck
- 600 g Fleisch von Rind, Schwein und Wild, gemischt
- 2 Zwiebeln
- 250 g Weißkohl
- 3 Tomaten · 400 g Sauerkraut
- 2 Eßl. Schweineschmalz
- ¼ Teel. Salz · 6 Pimentkörner
- 1 Teel. Rosenpaprikapulver
- 2 Teel. Paprikapulver, edelsüß
- je ⅛ l Rinderbouillon und Rotwein

Spezialität aus Polen

Pro Person etwa 2000 kJ/
480 kcal · 35 g Eiweiß
31 g Fett · 8 g Kohlenhydrate

Vorbereitungszeit: 40 Minuten
Garzeit:
2 Stunden und 10 Minuten

Den Speck würfeln. Das Fleisch waschen, abtrocknen und würfeln. • Die Zwiebeln schälen und fein hacken. Den Kohl putzen und in Streifen schneiden. Die Tomaten häuten und in Stücke schneiden. Das Sauerkraut mit zwei Gabeln lokkern. • Den Backofen auf 200° vorheizen. • Das Schmalz in einer feuerfesten Form erhitzen, den Speck und die Zwiebeln darin glasig braten. Das Fleisch dazugeben und braun anbraten. • Den Kohl, die Tomaten, das Sauerkraut, das Salz, die zerstoßenen Pimentkörner und das Paprikapulver mit dem Fleisch mischen. • Die Bouillon erhitzen und mit dem Rotwein in die Form gießen. • Die Form verschließen und den Bigos in 2 Stunden im Backofen garen. • Kräftiges Landbrot dazu reichen.

Geräte für die Suppenküche

Für die Zubereitung von Suppen und Eintöpfen braucht man keine komplizierten Spezialgeräte. In jedem Haushalt findet sich die notwendige Grundausstattung, mit der sich eine gute Suppe oder ein kräftiger Eintopf kochen läßt. Doch ist seit Urgroßmutters Suppenkessel, der über dem Feuer hing, einiges hinzugekommen, was der Hausfrau das Leben leichter und die Mahlzeiten schmackhafter macht. Manches ist vor allem für die edle, raffinierte Suppenküche unentbehrlich. In der folgenden Auswahl sollen einige besonders praktische Töpfe, aber auch Messer und andere Küchengeräte vorgestellt werden, mit deren Hilfe die Rezepte dieses Buches ohne Schwierigkeiten gut gelingen.

Der gute Suppentopf

Ein Suppentopf sollte nicht zu klein sein, damit alle Zutaten lokker darin Platz haben. Für vier Personen braucht man im allgemeinen einen Topf von 4 l Inhalt. Für Bouillons und Vorsuppen eignen sich hohe schmale Töpfe, in denen die Flüssigkeit nicht so schnell verdunstet. Für Eintöpfe verwenden Sie am besten breitere Töpfe, in denen Gemüse und Fleisch ausreichend Platz finden und die einen »Überblick« gestatten. Der Deckel sollte gut schließen und der Topf aus nicht zu leichtem Material bestehen.

Emaillierte Töpfe aus Gußeisen
Sie eignen sich gut für Eintöpfe, die langsam garen, damit sich die Geschmacksstoffe besonders vorteilhaft miteinander verbinden. Es gibt gußeiserne Töpfe, in deren vertiefte Deckel man Eisstücke oder kaltes Wasser gießt, so daß die verdampfende Flüssigkeit im Topfinnern kondensiert und vom Deckel wieder in das Gericht zurücktropft. Solche Töpfe haben meist auch Metallgriffe und können deshalb gut zum langsamen Garen im Backofen verwendet werden.

Edelstahltöpfe
Diese aus hochwertigem Material hergestellten Töpfe sehen nicht nur gut aus – man kann sie ohne weiteres als Serviergeschirr auf den Tisch bringen –, sie erlauben als gute Wärmeleiter auch ein äußerst schonendes Garen bei schwacher Hitze. Von den wertvollen Mineralstoffen und Vitaminen bleibt deshalb mehr erhalten als beim Garen bei starker Hitze. Das Gemüse zerkocht bei vernünftigen Garzeiten nicht so leicht. Besonders vorteilhaft sind die temperaturgeregelten Edelstahltöpfe mit sehr dicht schließendem Deckel, mit Kühlwand und einem schweren Akkutherm-Boden, der zusätzlich Energie sparen hilft. Ein Temperaturanzeiger erlaubt die ständige Kontrolle der Innentemperatur. Durch den fest aufsitzenden Deckel verdunstet keine Flüssigkeit. Daher braucht man weniger Flüssigkeit und muß nicht nachgießen. Diese neuartigen Töpfe sind auch mit Schnellgardeckel erhältlich, so daß Lebensmittel mit langer Garzeit wesentlich rascher zubereitet werden können.

Schnellkochtöpfe
Für Berufstätige und rationell denkende Hausfrauen ist der Schnellkochtopf bereits zum selbstverständlichen Küchenutensil geworden. Wer nur wenig Zeit zur Verfügung hat, braucht Familie oder Gäste nicht mit kalten Platten oder Schnellgerichten abzuspeisen. Im Nu steht ein dampfender Eintopf auf dem Tisch, für den man früher lange Garzeiten einplanen mußte. Diese Töpfe eignen sich besonders für Suppen aus Hülsenfrüchten, für Hühner- und Rindfleischbouillon sowie für Eintöpfe. Die Aromen der einzelnen Zutaten kommen beim Garen mit dem Schnellkochtopf so stark zur Geltung, daß die Salzzugabe stark vermindert werden kann. Ernährungsbewußte nützen die Vorteile der Schnellkoch-Methode auch zum Garen von Gemüse und anderen hochempfindlichen Lebensmitteln, da im luftabgeschlossenen Garraum kaum Wertstoffe verloren gehen. Der Sicherheitsstandard ist heute so hoch, daß auch Ungeübte gefahrlos mit Schnellkochtöpfen umgehen können.

Pfannen
Tiefe Deckelpfannen sind zu empfehlen, wenn für Suppen und Eintöpfe bestimmte Substanzen vor dem Garen kräftig angebraten werden. Man kann dann bei entsprechender Größe der Pfanne das ganze Gericht darin fertig garen und braucht kein zusätzliches Kochgeschirr. Die normale Bratpfanne wird benötigt, um Fleischwürfel oder Geflügelteile nebenher auszubraten.

Kasserollen
Stielkasserollen in mehreren Größen sind praktisch zum separaten Garen von Suppenbestandteilen wie zum Beispiel Champignons, die erst kurz vor dem Servieren in die Suppe oder den Eintopf gegeben werden.

Weitere nützliche Küchenhilfen

Zutaten für Suppen und Eintöpfe werden in der Regel kleingeschnitten, in vielen Fällen auch püriert. Die folgenden Geräte sind nicht nur praktisch und arbeitserleichternd, sie helfen auch, Zutaten optimal aufzubereiten.

Messer
Gute Messer aus rostfreiem Edelstahl helfen Zeit und Kraft sparen beim Vorbereiten der Zutaten. Sie müssen scharf sein, und ihr Griff muß gut in der Hand liegen.
Zum Parieren und Zerschneiden von Fleisch empfiehlt sich ein großes, spitzes Messer mit breiter, stabiler Klinge. Mit der Spitze lassen sich Häutchen und Sehnen leicht entfernen.
Gemüse putzt man mit kleineren, spitzeren Messern. Tomaten und andere weiche Gemüsesorten lassen sich gut mit einem Sägemesser verarbeiten.

Schälmesser gibt es in vielen Varianten. Wichtig ist allein, daß die beiden schräggestellten Klingen wirklich scharf sind.
Schnittlauch zerkleinert man mit einem sehr scharfen kleinen Messer mit nach oben gebogener Klinge oder mit der Küchenschere. Für andere Kräuter eignet sich ein Wiegemesser mit einfacher oder doppelter Klinge.
Die Schere leistet auch ansonsten gute Dienste: die Flossen von Schollen beispielsweise lassen sich damit leicht entfernen. Mit einer Geflügelschere ist das Zerteilen eines Huhns kein Problem.
Zum Schärfen aller Messer mit gerader Klinge empfiehlt sich ein kleiner Wetzstein oder ein gut funktionierender Messerschärfer.

Raspeln und Reiben
Besonders viele Nährstoffe erhält eine Suppe, wenn Sie ein Drittel des Gemüses roh geraspelt in die fertige Suppe geben. Hierfür ist eine nichtrostende Gemüseraspel mit verschiedenen scharfschneidenden Raspelflächen für grobe und feine Raspeln hilfreich. Man kann sie als Standgerät oder als Handkurbelgerät erwerben, je nach persönlicher Vorliebe. Für Käse werden sehr unterschiedliche Reiben angeboten. Man muß sie ausprobieren und die angenehmste wählen.
Wichtig: Jede Reibe sollte einem bestimmten Produkt vorbehalten bleiben. So die Muskatreibe nur für Muskat, die Käsereibe nur für diesen, das kleine Reibeisen nur für Zitrusschalen.

Pürier- und Passiergeräte
Wer eine große Küchenmaschine besitzt, kann rohes oder gegartes Gemüse, Fleischteile und andere Suppenzutaten mühelos mit ihr pürieren und bei Bedarf optimal vermengen.
Für gegarte oder kleine Mengen genügt auch der elektrische Pürierstab, mit dem man gleich im Topf pürieren, mixen und aufschlagen kann.
Mit einer Handkurbel versehen sind Passiersiebe, mit deren Hilfe man feste Substanzen wie Schalen und Kerne vom Fruchtfleisch trennt, das dann als feinstes Püree in den Sud zurückgegeben wird. Das Passiersieb für den Handbetrieb gibt es auch ohne Kurbel; man streicht das Kochgut einfach mit dem Kochlöffelrücken durch.
Anders das Spitzsieb. Es ist nützlich, wenn man mitgegarte Substanzen ausdrücken will, beispielsweise Gemüse, das nicht passiert werden soll, von dem man nur den Saft in der Suppe haben möchte. Durch die Spitze verstärkt sich der Druck von oben, und das Gargut wird optimal ausgenützt.
Zum Zerkleinern von Fleisch und Zutaten von festerer Konsistenz braucht man einen Fleischwolf mit verschiedenen Scheiben. Für kleinere Mengen genügt auch der elektrische Blitzhacker, ein dosenartiges Gerät mit rotierenden Messern. Durch Druck auf den Deckel kann man einfach regulieren, wie fein die Zutaten zerkleinert werden.
Für Knoblauch gibt es spezielle Pressen, in denen jeweils eine Zehe Platz findet. Mit ihr zerkleinert man Knoblauch mühelos und so fein, daß er sich gut im Gericht verteilt. Die Knoblauchpresse sollte aus rostfreien und geruchlosem Material bestehen.

Siebe
Unentbehrlich sind Siebe in unterschiedlichen Größen. Siebe mit grobem Gitterwerk eignen sich zum Abtropfen von Gemüse, Salaten und Fleisch. Für Nudeln sollte das Gitterwerk etwas zarter sein, damit auch schlanke Exemplare nicht durch die Maschen schlüpfen.
Wie bereits im vorhergehenden Absatz erwähnt, dient das Spitzsieb nicht zum Passieren, sondern in erster Linie zum Ausdrücken von mitgegarten Substanzen, von denen man nur den Saft in der Suppe wünscht. Es ist aber auch zum Durchseihen geeignet, um grobe Bestandteile auszusondern. Wer eine besonders rückstandfreie Bouillon haben möchte, legt ein feinmaschiges Sieb mit einem ohne Seife ausgekochten Mulltuch aus; so werden auch feinste Festpartikel zurückgehalten.

Rührlöffel, Schneebesen
Kochlöffel aus Kunststoff oder Holz mit langem Stiel in unterschiedlichen Größen sind zum Kochen unentbehrlich.
Für Cremesuppen und Bouillons bewährt sich die Verwendung eines Schneebesens in angemessener Größe, wie er auch für Saucen gebraucht wird.

Schaumlöffel, Schöpflöffel
Wer Bouillon aus Fleisch und Knochen selbst zubereitet, braucht einen flachen durchlöcherten Löffel aus rostfreiem Metall, mit dessen Hilfe der Sud mehrmals vom sich bildenden Schaum befreit wird. Auch zum Herausheben von festen Substanzen aus der Suppe oder zum Pochieren von Eiern ist der Schaumlöffel unentbehrlich.
Größere und kleinere Schöpflöffel mit oder ohne Kerbe zum Ausgießen dienen zum Umfüllen und Servieren.

Pfeffermühlen
Weißer und schwarzer Pfeffer sowie Pfeffermischungen sind nur aromatisch, wenn sie frisch gemahlen in das Gericht gelangen. Für jede Pfefferart sollte eine gesonderte Mühle verwendet werden. Pfeffermühlen gibt es in unübersehbar zahlreichen Modellen. Lassen Sie sich nicht durch die gefällige Form zum Kauf einer wenig gebrauchsfreundlichen Mühle verführen. Viele Plastikmodelle halten den Kräften nicht stand, die zum Mahlen der harten Körner erforderlich sind. Sie bekommen schon nach kurzer Zeit Risse und brechen dann leicht. Am besten haben sich größere Modelle aus Holz mit einem stabilen Mahlwerk bewährt.

Mörser
Der altbewährte Mörser hat auch in der modernen Küche noch seinen Platz, wenn Sie Gewürzkörner miteinander zerkleinern und gleichzeitig perfekt mischen möchten. Aber auch einzelne Körnersorten oder getrocknete Kräuter geben ihr Aroma erst durch die Bearbeitung im Mörser ganz frei. Der Mörser sollte aus schwerem Material sein wie poliertem Metall, Marmor oder hart gebranntem Steingut.

Wichtige Grundzutaten

In den Rezepten dieses Buches kommen einige Zutaten immer wieder vor, ohne sie ist die gute Suppenküche nicht vorstellbar. Die folgenden Grundsubstanzen geben Ihrer Suppe und Ihrem Eintopf Kraft und Würze.

Fleisch und Knochen für die Suppe

Überlegen Sie schon beim Einkaufen, ob das Fleisch, das Sie für die geplante Mahlzeit kaufen, auch Bestandteil Ihrer Suppe oder Ihres Eintopfes sein soll oder ob es nur zur guten Grundlage beitragen soll. Im letzteren Fall brauchen Sie keine teuren Stücke zu kaufen und können einen Teil des Fleisches auch durch Knochen ersetzen, die ebenfalls viel Kraft und Würze an die Bouillon abgeben. Beim Kochen des Fleisches beachten Sie folgende Faustregel: Gehört Fleisch später zur Suppe oder dem Eintopf, gibt man es in kochendes Wasser, damit sich die Poren rasch schließen und der Fleischsaft im Fleisch bleibt und nicht ins Wasser übergeht. Ist Fleisch dagegen als Grundlage für eine kräftige Bouillon gedacht, setzt man es in kaltem Wasser auf und läßt es nur langsam zum Kochen kommen, damit sein Saft und möglichst viele Inhaltsstoffe der Bouillon Substanz und Geschmack verleihen.

Rindfleisch
Rinderbouillon ist nicht nur eine äußerst wohlschmeckende Grundlage für Eintöpfe, Saucen und Suppen, sie ist auch, pur oder mit den verschiedensten Einlagen, ein eigenständiger, magenfreundlicher Genuß. Wie man sie herstellt, haben wir auf Seite 10 in Schritt-für-Schritt-Bildern und erklärenden Texten beschrieben. Folgende Teile vom Rind werden als gutes Suppenfleisch bezeichnet: Hals oder Nacken, Beinfleisch, Brustspitze, Brustkern, Nachbrust, Querrippe, Spannrippe, Ochsenschwanz. Als bestes Kochfleisch gelten: Hochrippe, Schulternaht oder Bugschaufelstück, Mittelbug, Unterschale oder Schwanzstück (daraus entsteht auch der berühmte Tafelspitz). Gutes Rindfleisch ist dunkelrot und in jedem Fall von feinen Fettadern durchzogen. Wer fettarme Suppen und Eintöpfe bevorzugt, muß seine Bouillon vor dem Weiterverwenden entfetten. Wie dabei vorzugehen ist, erklären wir ebenfalls in Bildern und Texten im einführenden Teil dieses Buches.

Kalbfleisch
Zum Kochen werden vom Kalb vor allem Hals oder Nacken verwendet, manchmal auch der Bauch oder Abschnitte von Schulter und Keule. Eine Kalbsbouillon ist leichter, heller als Rinderbouillon und weniger intensiv im Geschmack. Für manche feine Cremesuppe und zarte Sauce ist Kalbsbouillon unerläßliche Grundzutat. Für eine Bouillon, die »solo« genossen werden soll, kocht man aus Kalbfleisch meist eine Consommé double aus zwei Teilen gehacktem Kalbfleisch und fünf Teilen Bouillon. Diese Consommé double wird natürlich sanft, aber raffiniert gewürzt und mit exklusiven Einlagen serviert.

Huhn
Die Qualität des Huhns für die Bouillon ist genauso wichtig wie die des Suppenfleischs. In die Suppe kommt meist das Suppenhuhn, oft aber auch die weniger fette Poularde oder das noch fettärmere Hähnchen.
Ein Suppenhuhn ist eine etwa 2 Jahre alte Legehenne von 1,7 bis 2 kg. Es ist preiswert, hat viel Fett und festes Fleisch von kräftigem Eigengeschmack. Die Poularde ist ein Masthähnchen (Hahn oder Henne) mit besonders festem, weißem Fleisch, 1,2 bis 1,6 kg schwer. Das Brathähnchen hat zartes Fleisch mit einer dünnen Fettschicht und wiegt 1 bis 1,4 kg.
Das Suppenhuhn vermittelt der Bouillon den typischen Geschmack und gibt viel Fett ab. Deshalb sollten Sie die fertige Bouillon vor dem Weiterverarbeiten von überschüssigem Fett befreien. Ist das Fleisch Bestandteil der Gerichts, muß das Suppenhuhn ausreichend lange (2½ bis 3 Stunden) gekocht werden. Die fette und lasche Haut wird nach dem Kochen – möglichst zusammen mit dem Fett – entfernt.
Die Poularde verträgt das Kochen auch recht gut, ist rascher gar als das Suppenhuhn und gibt Fleisch für eine Suppe oder einen Eintopf für vier Personen.
Das Hähnchen sollte nicht gekocht, sondern nur sacht pochiert werden, damit sein zartes Fleisch auch zart auf den Tisch kommt. Für feine Ergänzungen einer Suppe oder eines Eintopfs bieten sich Geflügelteile, vor allem Hähnchen- oder Putenbrust an. Sie werden in Streifen oder in Würfeln in den letzten 10 Minuten mitgegart oder kurz gebraten in die angerichtete Suppe gegeben.

Knochen
Sie sind stets nur Basiszutat. Eine gute Suppe kann lediglich aus Knochenbrühe hergestellt werden oder aus der Kombination von Knochen und Fleisch. Knochen enthalten wertvolle Mineral- und Aromastoffe, die vor allem aus dem roten Knochenmark stammen. Vielfach wird das Mark aber zuvor entfernt und für die feinen Markklößchen verwendet. Kalbsknochen ergeben eine hellere, leichtere Bouillon. Die Gelenke von Kälbern bestehen noch zu einem guten Teil aus Knorpelmasse, die beim Kochen leicht bindend wirkt. Große Knochen sollten Sie schon beim Einkaufen vom Fleischer zerhacken lassen, da sie sonst das Fassungsvermögen der Töpfe leicht übersteigen. Aber Vorsicht vor Splittern: Blanchieren Sie die Knochen 3 bis 5 Minuten in sprudelnd kochendem Wasser und schütten Sie diesen ersten Sud weg. Bevor die Knochen erneut in den Topf kommen, diesen sorgfältig ausspülen, damit keine Knochensplitter zurückbleiben. Die blanchierten Knochen kalt abbrausen und erneut in kaltem Wasser aufsetzen. Mit Knochen hergestellte Bouillon stets gut durchseihen, am besten durch ein Mulltuch, damit wirklich keine störenden Rückstände ins Essen gelangen.

Schweinefleisch
Schweinefleisch wird überwiegend für kräftige Suppen mit Hülsenfrüchten, Kartoffeln oder Gemüse von starkem Eigengeschmack verwendet, zu deren Bestandteil auch das Fleisch gehört. Zum Kochen und Schmoren eignen sich folgende Stücke vom Schwein: Brust oder Brustspitze, Flache Schulter, Bauch oder Wammerl, Schinkenspeckstück und Spitzbein.
Durchwachsener Speck wird frisch oder geräuchert in der Suppe mitgegart. Der geräucherte Speck kann auch fein gewürfelt und ausgebraten den Geschmack von Suppen und Eintöpfen bäuerlich abrunden.
Geräuchertes und gepökeltes Schweinefleisch vom Rippenstück, vom Kamm oder aus der Schulter wird als Kasseler bezeichnet. Es wird roh und gekocht angeboten. Für Eintöpfe verwendet man das rohe Stück und gart es mit allen anderen Zutaten, da es mehr Aromastoffe an das Gericht abgibt. Geräuchert und gepökelt ist Kasseler mehr als Verfeinerung und zum Anreichern geeignet.
Mit Schinken werden Suppen und Eintöpfe angereichert und verfeinert. Er ist nicht unbedingt Grundzutat. Unter Schinken versteht man geräuchertes oder gepökeltes Schweinefleisch, das aus der Hinterkeule geschnitten wird. Heute ist allerdings auch gekochter Vorderschinken aus der Vorderkeule geschätzt. Der feine Lachsschinken stammt aus dem Kotelettstrang. Grundsätzlich unterscheidet man gekochten und rohen Schinken, wobei der gekochte Schinken in Streifen oder Würfel geschnitten manche feine Suppe bereichert. Roher Schinken und Lachsschinken werden für Klößchen verwendet, die man in klarer Bouillon reicht. Der Schinkenknochen wird als wirksames Aromat in Suppen und Eintöpfen mitgekocht.

Lamm und Hammel
Beide Fleischarten werden nicht als Grundlage für Bouillons verwendet. Das Fleisch von Lamm und Hammel schmeckt gut in Gemüseeintöpfen und in Verbindung mit Hülsenfrüchten. Die klassische Kombination mit grünen Bohnen kennt man in vielen Ländern. Lammfleisch von Tieren unter 1 Jahr ist zart in Geschmack und Konsistenz, Hammelfleisch von Tieren bis zu 2 Jahren vermittelt den ausdrucksvollen, typischen Geschmack. Für Eintöpfe eignen sich vor allem Nackenstück, Brust und Schulter. Gerichte mit Hammelfleisch müssen stets sehr heiß zu Tisch kommen und auf vorgewärmten Tellern serviert werden, da Hammelfett beim Abkühlen einen leicht penetranten Geschmack annimmt.

Wurst
Einen besonderen Akzent in Eintopfspezialitäten südlicher Länder setzen Brühwürste, die je nach Herkunft unterschiedliche Namen tragen wie Cabanossi oder Debreziner. Es sind grobe Brühwürste aus Rind- und Schweinefleisch, die durch Nachräuchern haltbar gemacht wurden. Häufig sind sie mit Knoblauch gewürzt. Salami, eine luftgetrocknete Rohwurst aus Rindfleisch, Schweinefleisch und Speck schmeckt fein als Zutat zu Suppenklößchen. Am bekanntesten sind die italienischen und ungarischen Sorten.

Suppengrün, Zwiebel, Kräuter

Suppengrün
Eine gute Bouillon ist ohne das würzige Suppengrün nicht denkbar. Suppengrün gibt es fertig zusammengestellt als Bündel zu kaufen. Es besteht aus Möhre, Sellerieknolle und Lauch, manchmal sind auch eine Petersilienwurzel und ein Zweig Liebstöckel mit eingebunden. Achten Sie beim Einkaufen von Suppengrün auf frisches, strammes Gemüse mit noch saftigen Schnittstellen. Befriedigt das Angebot des gebündelten Suppengrüns nicht, sollten Sie die Mischung selbst zusammenstellen. So haben Sie die Möglichkeit, die Würzkraft selbst zu beeinflussen und das oft sparsam gebündelte Grün großzügiger zu gestalten. Etwas mehr Lauch, weniger Möhre, zusätzlich etwas Bohnenkraut oder andere Kräuter ergeben eine weit würzigere Bouillon.

Zwiebeln
Man gibt sie entweder im Ganzen, nach Geschmack mit Lorbeerblatt und Gewürznelken besteckt, in den Sud, oder man brät sie mit dem Gemüse glasig, bevor sie der Suppe oder dem Eintopf hinzugefügt werden. Die besteckte Zwiebel wird vor dem Auftragen des Gerichtes entfernt, die angebratenen Zwiebelwürfel bleiben Bestandteil des Gerichts.
Zum Kochen einer Bouillon verwendet man die Würzzwiebel mit brauner Schale. Soll die Bouillon eine kräftige Farbe erhalten, läßt man sogar die unterste Schicht der braunen Schalen an der Zwiebel. Die großen, besonders milden Gemüsezwiebeln und die länglichen Lauch- oder Frühlingszwiebeln sind in jedem Fall Bestandteil einer Suppe. Fein geschnittene Frühlingszwiebeln müssen nicht unbedingt mitgegart werden, man kann sie wie Schnittlauch über den fertigen Eintopf streuen. Zur reizvollen Garnitur für Suppen und Eintöpfe zählen auch Zwiebelwürfel oder Zwiebelringe, die kurz in Fett goldgelb gebraten und vor dem Servieren auf das Gericht gestreut werden.

Kräuter
Einige Kräuter werden in der Suppe mitgekocht, weil sie so ihren intensiven Geschmack am besten vermitteln, zum Beispiel Bohnenkraut, Rosmarin, Estragon, Liebstöckel oder Oregano. Ebenso das bekannte Bouquet garni, das Kräutersträußchen, das aus Thymian, Lorbeerblatt, Petersilienstengel und oft noch aus einem Zweig Estragon oder Liebstöckel besteht. Man hängt es an einem Faden in den Topf, läßt es mitkochen und entnimmt es vor dem Fertigstellen des Gerichtes.
Frische Kräuter sollen erst kurz vor dem Gebrauch gehackt oder kleingeschnitten und zuletzt über das servierbereite Gericht gestreut werden. Kräuter vor dem Zerkleinern immer gründlich lauwarm abbrausen und gut in einem Tuch trockenschleudern.

Getreide und Hülsenfrüchte

Neben frischem Gemüse, Fleisch und Kräutern gehören Getreide – in Form von Korn, Schrot oder Mehl – und Hülsenfrüchte zu den wichtigen Suppenbestandteilen. Hülsenfrüchte ergeben allein oder mit frischem Gemüse gemischt kräftige, sättigende Eintöpfe. Reis war schon immer eine wichtige Suppenzutat.
Der modernen Vollwertküche ist es zu verdanken, daß einige vergessene Getreidesorten neu entdeckt wurden und heute in Naturkostläden, Reformhäusern und auch in einigen Supermärkten angeboten werden.
Vollgetreide enthält Kohlenhydrate, Eiweiß, Fett, Ballaststoffe und die wichtigen B-Vitamine, weshalb man dem ganzen Korn in jedem Fall den Vorzug vor weißem Auszugsmehl geben sollte. Vollwertiges Getreide ist lebendig, das heißt, keimfähig, dafür im Gegensatz zu Auszugsmehl leicht verderblich. Vollkorngetreide muß luftig und trocken gelagert werden. Zum Aufbewahren eignen sich Holzgefäße, Körbe und Säckchen aus Naturfasern. Geschrotetes oder gemahlenes Getreide verliert rasch an Nährwerten infolge des vermehrten Luftzutritts. Es sollte unmittelbar nach dem Mahlen oder Schroten verwendet werden. Wer häufig Mehl oder Schrot frisch verwenden möchte, kann daher kaum auf eine Getreidemühle verzichten.
Vorschläge, wie Sie die einzelnen Getreidearten in Suppen und Eintöpfen schmackhaft verarbeiten können, finden Sie reichlich in den Rezepten dieses Buches. Achten Sie dabei besonders auf die Rezepte mit dem Hinweis »Vollwertrezept«.

Reis

Reis ist in Asien Hauptnahrungsmittel und nach dem Weizen weltweit das wichtigste Lebensmittel überhaupt. Die Reispflanze gedeiht in warmen Klimazonen. Vor der Blüte überschwemmt man die Reisfelder, so daß die Gräser im Wasser stehen. Die Reiskörner werden im allgemeinen nach der Ernte geschält und poliert, um sie haltbarer zu machen. Nur bei Naturreis bleiben die für die Gesundheit so wichtigen Randschichten, vor allem das Silberhäutchen, erhalten. Obwohl nicht alle Reisarten in den Rezepten dieses Buches Verwendung finden, sollen im folgenden die wichtigsten Sorten aufgezählt werden, um Ihnen eigene Kreationen und Varianten der Vorschläge zu ermöglichen.

Langkornreis

Eine der besten Langkornreissorten ist der Patna- oder Siamreis. Er kocht trocken und körnig und ist daher besonders gut als Einlage in feine Bouillons geeignet. Weitere wichtige Langkornsorten sind der Karolinareis und der teure Basmati-Reis, den es hauptsächlich in Geschäften für asiatische Spezialitäten zu kaufen gibt. Langkornreis kann so vorbehandelt werden, daß sich seine Garzeit auf 5 Minuten reduziert. Er kommt als Schnellkochreis mit oder ohne Kochbeutel in den Handel.
Parboiled Reis wird vitaminschonend poliert, enthält daher etwas mehr Wertstoffe als anderer polierter Reis, ist kochfest, und die gelblichen Körner werden nach dem Kochen weiß.
Naturreis ist bräunlich und schmeckt leicht nach Nüssen. Seine Garzeit beträgt etwa 40 Minuten. Zwar wird er bereits vorbehandelt als Schnellkochreis im Handel angeboten, doch darf man daran zweifeln, ob er dann wirklich noch als Naturreis anzusehen ist.

Rundkornreis

In Italien, Spanien, Japan, China und Thailand bevorzugt man rundkörnigen Reis, dessen Körner nach dem Garen leicht aneinander kleben. In der Suppenküche findet er hauptsächlich in Form von Reisklößchen, auch mit Hackfleisch gemischt, Verwendung. Außerdem eignet er sich für kräftige Eintöpfe und, passiert, als Bindemittel für Suppen.

Wilder Reis

Er bildet eine Kategorie für sich. Wilder Reis kommt aus Ontario in Kanada und gilt als das teuerste Getreide der Welt. Die Wildreispflanze ist nicht mit der bekannten Reispflanze verwandt, sondern ist ein Wassergetreide, das in Flüssen und Seen gedeiht. Wildreiskörner sind fast schwarz und außerordentlich quellfähig. Der Geschmack von wildem Reis ist überaus dezent-würzig. Er wird seit einigen Jahren vermehrt in den europäischen Handel gebracht und kostet inzwischen nicht mehr ganz so viel wie noch vor zehn Jahren. Vegetarische Feinschmecker leisten sich wilden Reis anstelle von ebenso teurem Fleisch. Für festliche Gerichte wird er immer häufiger vorgeschlagen, oft auch mit weißem Reis gemischt oder in kleinen Portionen serviert. Wilder Reis kann feine Bouillons anreichern oder mit weißem Reis gemischt besondere Eintöpfe.

Getreide

Weizen

Die Körner der ältesten Getreidesorte der Welt werden vor allem zum Brotbacken verwendet. Vitamine und Mineralstoffe sind in den äußeren Randschichten des Korns enthalten. Es empfiehlt sich deshalb, dort, wo in den Rezepten Mehl angegeben ist, Vollkornmehl zu verwenden. Weizenmehl wird zum Binden von Suppen, für Klößchen und gebackene Suppeneinlagen gebraucht. Auch Weizengrieß und Weizenschrot ergeben schmackhafte Suppeneinlagen oder -bindungen.

Dinkel und Grünkern

Dinkel ist eine Abart des Weizens und wird vorwiegend im alemannischen Raum angebaut. Grünkern ist die unreife, gedarrte Form des Dinkelkorns und schmeckt besonders würzig. Beide Formen enthalten reichlich Mineralstoffe und Spurenelemente und haben ihren festen Platz in der Vollwertküche. Für Suppen verwendet man Dinkelschrot geröstet als Grundlage. Spätzle aus Dinkelmehl bringen willkommene Abwechslung. Aus Grünkern lassen sich schmackhafte Suppenklößchen herstellen.

Hafer

Diese wichtige europäische Getreidesorte enthält als Vollkorn viele Vitamine und Mineralstoffe. Besonders der spelzenlose Nackthafer – auch Sprießkornhafer genannt – ist für die Suppenküche geeignet.

Gerste
Ebenfalls ein sehr vitamin- und mineralstoffreiches Getreide, das meist spelzenlos in den Handel kommt. Für die Bereitung von Suppen haben vor allem Gerstengraupen Bedeutung.

Buchweizen
Im klassischen Sinn ist Buchweizen kein echtes Getreide, sondern die Frucht eines Knöterichgewächses. Er ist von großem Vitamin- und Mineralstoff-Reichtum. Aus Buchweizenmehl bereitet man feine Suppenklößchen. Buchweizengrütze bindet Suppen und macht Eintöpfe nahrhaft.

Hirse
Eine schon seit vorgeschichtlicher Zeit bekannte Getreidesorte, die in unserem Jahrhundert in Europa fast in Vergessenheit geraten war. Der gesundheitliche Wert von Hirse ist vielen anderen Getreidesorten überlegen, denn ihr Nährstoffreichtum steckt nicht nur in den äußeren Schichten, sondern im ganzen Korn. Hirse ist vor allem eisenreich. Schon mit 50 g Hirse kann der Tagesbedarf an Eisen gedeckt werden. Das ganze Hirsekorn schmeckt gut als Suppeneinlage. Aus frisch gemahlener Hirse erhält man feine Suppenklößchen.

Mais
Eigentlich gehört Mais nicht in die Aufzählung der Getreidearten, denn die am Kolben sitzenden weichen Körner werden wie frische Erbsen als Gemüse verzehrt. Dennoch ist die Maispflanze ein Grasgewächs. Die trockenen, reifen Körner werden unter anderem zu Maisgrieß verarbeitet, der zum Binden von Suppen verwendet wird und aus dem Klößchen und Suppeneinlagen aus Teig entstehen.

Hülsenfrüchte

Soja
Soja ist eine ostasiatische Bohnenart, deren Eiweiß für die vegetarische Ernährung so wichtig ist, da es dem Fleischeiweiß am nächsten kommt. Aus Soja stellt man Öl, Mehl, Käse (Tofu) und würzige Saucen her. In der Suppenküche wird Vollsojamehl verwendet, das anstelle der gewohnten Mehlarten für Abwechslung sorgt. Sojabohnenkeimlinge ergänzen Suppen und Eintöpfe vitaminreich und sorgen für Frische.

Erbsen
Die in Mitteleuropa bekannteste und beliebteste Hülsenfrucht. Getrocknete grüne und gelbe Erbsen sind die Samen der Gartenerbse, die sich in Kocheigenschaften und Geschmack kaum voneinander unterscheiden. Sie werden ungeschält, geschält, auch geschält und halbiert angeboten. Geschälte Erbsen haben eine kürzere Garzeit und brauchen nicht eingeweicht zu werden, sind aber etwas schwerer verdaulich als ungeschälte Erbsen. Sie eignen sich gut für Püreesuppen. Ungeschälte Erbsen verwendet man vorzugsweise für kräftige Eintöpfe.

Kichererbsen
Mit dem Bekanntwerden nordafrikanischer Spezialitäten sind Kichererbsen auch auf unsere Märkte gekommen. Die leicht nußartig schmeckenden ockerfarbigen Erbsen sind etwas schwer verdaulich, schmecken aber hervorragend in Suppen und Eintöpfen aus dem Mittelmeerraum und dem vorderen Orient.

Bohnen
Diese sehr sortenreiche Hülsenfrucht ergibt ebenfalls würzige Eintöpfe. Da Bohnen nur langsam garen, ist das Einweichen unbedingt erforderlich.
Am beliebtesten sind die kleinen rundlichen weißen Bohnen, die auch Perlbohnen genannt werden. Die nierenförmigen schwarzen Bohnen und die bläulichschwarzen, die würzig, leicht süßlich schmecken, lassen sich gut mit exotischen Gewürzen wie Ingwer, Kardamom, Nelken, Curcuma und Zimt zubereiten.
Die weißen, ebenfalls nierenförmigen Limabohnen sind mild im Geschmack und werden beim Kochen weich und mehlig, behalten aber gut ihre Form.
Mit fast gleichen Eigenschaften kann die Cannelibohne aufwarten, doch ist sie viel kleiner und besonders geeignet für feine Eintöpfe wie Casseroles.
Die nierenförmigen roten Bohnen sind unter der Bezeichnung Kidneybohnen im Handel. Sie kochen mehlig, aber fest und lassen sich gut mit Reis oder Mais kombinieren.
Die Pintobohnen werden bei uns Wachtelbohnen genannt, weil sie braun gesprenkelt sind wie Wachteleier.
Besonders beliebt wurden in letzter Zeit die kleinen japanischen Azukibohnen mit süßlichem Geschmack und mit zarten Schalen.
Dicke Bohnen, auch als Pferde- oder Saubohnen bekannt, werden bei uns nur selten getrocknet angeboten, sondern meist frisch als Gemüse. Werden sie getrocknet gekocht, kann man die festen Schalen gut abziehen.
Flageoletbohnen oder Fisolen sind zartgrüne, länglich flache Bohnen, die sich gut als Beilagen eignen und besonders fein schmecken.
Schließlich gibt es noch die harten braunen Acker- oder Feldbohnen, die man 24 Stunden lang einweichen muß, weil sie sonst eine ungewöhnlich lange Garzeit haben. Aus ihnen werden vorwiegend nordafrikanische Gerichte zubereitet.

Linsen
Linsen muß man vor dem Kochen nicht einweichen. Sie sind zarter und bekömmlicher als Erbsen und Bohnen.
Die braunen Linsen werden für Eintöpfe und kräftige Suppen verwendet.
Schwarze Linsen haben einen ausgeprägten Eigengeschmack und lassen sich gut mit weniger aromatischen Zutaten mischen.
Zu den Delikatessen unter den Linsen gehören die roten Linsen mit kürzester Garzeit (sie zerkochen leicht) von zart dezentem Geschmack. Sie eignen sich für feine Suppen und Eintöpfe von weniger derben Charakter.

Tip für Hülsenfrüchte
Hülsenfrüchte mehrmals in stehendem Wasser waschen und die an die Wasseroberfläche schwimmenden Schmutzteilchen und schlechten Samen entfernen.
Bohnen und Erbsen am besten in abgekochtem, aber kaltem Wasser einweichen und im kalten Einweichwasser auf den Herd bringen. In heißem Wasser würde das Eiweiß der Samen gerinnen, und die Kerne blieben hart. Aus dem gleichen Grund Salz, Essig, Zitronensaft oder Wein erst am Ende der Garzeit zugeben.

Der Inhalt des Buches von A bis Z

Der Inhalt des Buches von A bis Z

Die Autoren

Annette Wolter

Sie gehört zu den führenden Kochbuch-Autoren im deutschen Sprachraum. Seit über 20 Jahren sind Kochen und Haushaltführen ihr Thema, mit dem sie sich schon als Mitarbeiterin großer Frauenzeitschriften beschäftigte. Heute ist Annette Wolter anerkannte Expertin im Bereich Küche und Keller, Autorin zahlreicher Kochbuch-Bestseller und mehrfache Preisträgerin der »Gastronomischen Akademie Deutschlands«. Die Rezepte in ihren Büchern zeigen deutlich die gelungene Verbindung zwischen kulinarischen Raffinessen und modernem, gesundem Essen. Zu ihren Bestsellern zählen »Kochen heute«, »Kochvergnügen«, »Backvergnügen«, »Kalte Küche« und »Spezialitäten der Welt«. Sie ist Herausgeberin der neuen Reihe »Kochen – köstlich wie noch nie«, in der das vorliegende Buch erscheint.

Cornelia Adam

Schon als kleines Mädchen lernte sie, sich im Hotel der Eltern in Weinkeller und Küche helfend zu betätigen. Später wurde sie fast wider Willen Hotelfachfrau, genoß es aber, bei beruflich bedingten Aufenthalten in England, Frankreich, Spanien und in der Schweiz die jeweilige Sprache und die kulinarischen Eigenarten zu erlernen. Mit Eifer und Freude widmete sie sich dem Thema Essen und Trinken. Später konnte sie ihre vielfältigen Erfahrungen in der Versuchsküche, als Food-Stylistin und als Redakteurin einer bekannten Frauenzeitschrift in Tat, Wort und Bild umsetzen. Seit zwei Jahren arbeitet sie als freiberufliche Food-Journalistin und Kochbuchautorin. Das vorliegende Buch hat sie durch ungewöhnlich feine und raffinierte Rezepte bereichert.

Elke Alsen

sammelte als junge Oecotrophologin in den verschiedensten sozialen Einrichtungen praktische Erfahrungen und lernte dabei, junge Menschen gesund und kräftig zu ernähren. In der Versuchsküche eines großen Hamburger Verlages, die sie später leitete, galt es, für alle nur erdenklichen Themen passende Rezepte zu entwickeln, die Gerichte fotogen vor die Kamera zu stellen und schließlich den Text an die Redaktion für Küche und Keller zu liefern. Frau Alsen hat inzwischen Mann und Kinder, Haus und Garten, Hund und Katze. Nun arbeitet sie mit viel Elan freiberuflich als Stylistin in Food-Fotostudios oder verrät ihre Lieblingsrezepte für die Bildkoch- und backbücher des Gräfe und Unzer Verlages.

Marey Kurz

stammt aus einer deutsch-baltischen Familie. Seit über 20 Jahren kocht und bäckt sie für Mann und Kinder und ist bemüht, die täglichen Mahlzeiten schmackhaft zu gestalten. Eigene gesundheitliche Probleme veranlaßten Frau Kurz, sich mehr und mehr mit der Vollwertkost zu beschäftigen. Die konsequente Umstellung brachte nicht nur ihre völlige Genesung mit sich, sondern auch die begeisterte Anerkennung der gesamten Familie für die neue Ernährungsweise. So schrieb Frau Kurz ihr erstes Kochbuch »Vollwertküche – schnell und leicht« und, vom Erfolg ermutigt, bald darauf »Soja in der Vollwertküche« sowie »Vollwertkost, die Kindern schmeckt«. Für den vorliegenden Band lieferte sie uns ihre besten Vollwert-Suppen- und Eintopfrezepte.

Hannelore Mähl-Strenge

lebt mit ihrer Familie in Hamburg. Als examinierte Oecotrophologin leitete sie 2 Jahre die Kantine eines großen Hamburger Verlagshauses, ehe ihr umfangreiches Wissen und ihre praktischen Erfahrungen bei der Rezeptentwicklung und Realisierung von neuen Ideen verschiedenen Versuchsküchen namhafter Zeitschriften zugute kamen. Viele Jahre ist sie nun schon als Food-Stylistin selbständig tätig für Redaktionen, Agenturen, Food-Fotografen und Werbefilmgesellschaften. Außerdem macht es ihr nach wie vor viel Freude, sich vom Wochenmarkt-Angebot inspirieren zu lassen und Mann, Kinder und liebe Gäste mit ihren lukullischen Kreationen zu verwöhnen. Einige ihrer besten Suppen und Eintöpfe hat sie für den Gräfe und Unzer Verlag aufgeschrieben.

Annedore Meineke

war ursprünglich Hauswirtschaftslehrerin, vertauschte den Schulsaal aber bald mit der Versuchsküche einer bekannten deutschen Illustrierten und erfand für ihre Leser Rezepte für jedwede Gelegenheit, Festmenüs, Diätprogramme, Schlankheitskost. Inzwischen hat Frau Meineke geheiratet und verwöhnt vor allem ihre Familie mit ihrem kulinarischen Können. Daneben findet sie immer wieder etwas Zeit, aus ihrem Rezept-Repertoire das Passende für einige Zeitschriften oder – wie in diesem Fall – für Gräfe und Unzer zusammenzustellen.

Brigitta Stuber

Sie ist echte Münchnerin und wollte ohne Umschweife direkt von der Schulbank weg Ehefrau und Mutter werden. Dieser Sprung ins kalte Wasser verpflichtete sie, alles was mit Haushalt und Küche zusammenhing, im Alleingang zu erlernen. Ihre selbsterworbenen Koch- und Backkünste fanden im Freundeskreis so viel Anerkennung, daß man sie um die Rezepte bat. Unabhängig davon absolvierte sie ein regelrechtes Redaktions-Volontariat und arbeitete jahrelang für Fachverlage. Schon bald fühlte sie sich zu journalistischem Arbeiten im Bereich Essen und Trinken motiviert. Seit 1980 ist Brigitta Stuber Lektorin des Gräfe und Unzer Verlages. Für den vorliegenden Band »Suppen und Eintöpfe« war sie außerdem auch aktive Mitautorin.

Rolf Feuz

besuchte die Kunstgewerbeschule in Zürich und absolvierte dort eine Fotografenlehre. Seine Wanderjahre führten ihn durch die Ateliers namhafter Werbefotografen, und bereits 1980 eröffnete der junge Fotograf sein eigenes Studio in Zürich mit dem Schwerpunkt Food-Fotografie. Seine ansprechenden Publikationen produziert er seither für Fachverlage und Großagenturen. 1987 eröffnete Rolf Feuz ein Zweitstudio in München. Wie meisterhaft er feine Speisen ins rechte Licht rückt, beweisen die verführerischen Farbfotos dieses Buches.

Karin Messerli

Ihr Werdegang führte sie über eine Ausbildung als Hauswirtschafts- und Handarbeitslehrerin zur Food-Fotografie. Die junge Schweizerin unterrichtete an der Frauenschule Bern in Fortbildungskursen Kochen/Ernährung, Hauswirtschaft und Handarbeiten, ehe sie als Fachredakteurin bei einer großen Frauen-Zeitschrift die Verantwortung für die Versuchsküche, die Rezeptentwicklung und Fotoproduktion übernahm. Inzwischen ist sie als freie Journalistin und Food-Stylistin tätig und für die Rezeptseiten bekannter Journale verantwortlich. Die Farbfotos des vorliegenden Buches gestaltete sie zusammen mit Rolf Feuz.

Impressum

Das Farbfoto auf der Einband-Vorderseite zeigt eine Variante der Tomatensuppe mit Käseklößchen (Rezept Seite 65), garniert mit Creme fraîche und Basilikum.

Redaktion: Susi Piroué, Adelheid Schmidt-Thomé
Versuchsküche: Friedlind Gosebruch
Herstellung: Felicitas Holdau, Birgit Rademacker
Farbfotos: Rolf Feuz und Karin Messerli; Christian Teubner (Titelbild), Robert Gigler (Seite 9)
Reproduktion: Repro-Technik Günter Mayr GmbH
Gesamtherstellung: Appl, Wemding

ISBN 3-7742-1194-9

Auflage	4.	3.	2.	1.
Jahr	02	01	00	99